MW00784377

EN FUEGO

A DUAL-LANGUAGE SPORTS BOOK—UN LIBRO DEPORTIVO EN INGLÉS Y ESPAÑOL

LATINO BASEBALL'S HOTTEST HITTERS

BY MARK STEWART WITH MIKE KENNEDY
SPANISH TEXT BY MANUEL KALMANOVITZ

ESCRITA POR MARK STEWART CON MIKE KENNEDY
TEXTO EN ESPAÑOL POR MANUEL KALMANOVITZ

LOS MEJORES BATEADORES DEL BÉISBOL LATINO

TWENTY-FIRST CENTURY BOOKS
BROOKFIELD, CONNECTICUT

Twenty-First Century Books

Produced by
Bittersweet Publishing
John Sammis, President
and
Team Stewart, Inc.

Producido por
Bittersweet Publishing
John Sammis, Presidente
y
Team Stewart, Inc.

Series Design and
Electronic Page Makeup by
Jaffe Enterprises
Ron Jaffe

Diseño de la serie y montaje
electrónico de las páginas por
Jaffe Enterprises
Ron Jaffe

Researched and Edited by Mike Kennedy
Special thanks to Tomás González

Investigación y edición, Mike Kennedy
Agradecimientos especiales a Tomás González

Printed in Hong Kong

Impreso en Hong Kong.

Published by Twenty-First Century Books
A Division of The Millbrook Press, Inc.
2 Old New Milford Road
Brookfield, Connecticut 06804
www.millbrookpress.com

Library of Congress Cataloging-in-Publication Data

Stewart, Mark.
Latino baseball's hottest hitters = Los mejores bateadores del béisbol latino / by Mark Stewart with Mike Kennedy; Spanish text by Manuel Kalmanovitz.
p. cm. – (En fuego)
English text with parallel Spanish translation.
Includes index.
Summary: A history of Latino baseball players in the United States, along with individual biographies of current star players, concentrating on hitters.
ISBN 0-7613-2567-0 (lib. bdg.) – ISBN 0-7613-1775-9 (pbk.)
1. Hispanic American baseball players—Biography—Juvenile literature. 2. Baseball players—Latin America—Biography—Juvenile literature. 3. Batting (Baseball)—Juvenile literature. 4. Baseball—United States—History—Juvenile literature. 5. Baseball—Latin America—History—Juvenile literature. [1. Baseball players—Biography. 2. Hispanic Americans—Biography. 3. Batting (Baseball) 4. Baseball—History. 5. Baseball—Latin America—History. 6. Spanish language materials—Bilingual.] I. Title: Los mejores bateadores del béisbol latino. II. Kennedy, Mike (Mike William), 1965- III. Title. IV. Series.

GV865.A1 S79 2002
796.357'092'368073—dc21
[B] 2001055886

1 3 5 7 9 10 8 6 4 2

CONTENTS/CONTENIDO

CHAPTER/CAPÍTULO — PAGE/PÁGINA

LA REVOLUCIÓN

Desde 1871, cuando la liga profesional de béisbol comenzó en los Estados Unidos, hasta 1947, cuando el béisbol organizado por fin abrió sus puertas a personas de todas las razas, menos de cuatro docenas de jugadores latinos habían llegado a las ligas mayores. En el 2001, casi un tercio de los jugadores de primer nivel de las grandes ligas eran latinos. Es una "revolución" que ha cambiado el sabor, la forma y el sentimiento del juego, y que además ha transformado la cultura y economía de muchas naciones de habla castellana.

ARRIBA: *Armando Marsans fue el primer latino en tener su propia tarjeta de béisbol.* **DERECHA:** *Los Braves de Boston esperan el bus en un hotel de La Habana. Seguidores blancos del béisbol en los años 30 y 40 no sabían cuánto talento había en los países hispanohablantes, pero los jugadores de las ligas mayores sí.*

Las raíces de la revolución comenzaron en el siglo XIX. En los años que siguieron a la guerra civil estadounidense, la fiebre del béisbol llegó a todas las esquinas del país, convirtiéndolo en un deporte disfrutado por toda clase de personas. Entre los amantes del béisbol había marineros que organizaban partidas para ejercitarse cada vez que llegaban a puerto. La isla de Cuba, a menos de 100 millas (160 kilómetros) de la costa de la Florida, era una parada corriente para los marinos mercantes porque los Estados Unidos compraba allí buena parte de su azúcar.

Es probable que en sus viajes por azúcar los marineros jugaran partidas de béisbol tras cargar sus embarcaciones. No hay duda de que los cubanos que vivían y trabajaban cerca a los muelles encontraron muy interesantes el juego y los estadounidenses. En la primavera de 1866, marineros de un barco estadounidense anclado en la bahía de La Habana retaron a un grupo de trabajadores portuarios cubanos a un juego. Dos años más tarde el béisbol se había hecho tan popular en Cuba, especialmente entre caballeros educados, que se organizó un partido entre un club de La Habana y uno de Matanzas. Jugaban para La Habana Esteban Bellán y Emilio Sabourin. Bellán se convirtió en el primer latino en llegar al béisbol profesional en los Estados Unidos. Jugó en el diamante para los Haymakers de Troy y los Mutuals de Nueva York entre 1971 y 1973 bajo el nombre de "Steve" (la traducción al inglés de Esteban). Sabourin pasó el resto de su vida promoviendo el juego en Cuba y es considerado como el "padre" del béisbol latino.

El primer jugador latino en lograr un impacto en las mayores fue el jardinero cubano Armando Marsans, quien fue descubierto en los Estados Unidos por un equipo itinerante afroamericano llamado los Cuban Stars. En 1911 firmó un contrato con los Reds de Cincinnati. Marsans no era el mejor jugador de los Stars, pero posiblemente fuera el "más blanco". En otras palabras, el color de su piel no era lo suficientemente oscuro como para ser considerado negro, lo que era un punto importante en 1911, cuando la regla implícita que impedía jugar a atletas no blancos era cumplida rigurosamente.

Marsans era un especialista defensivo que corría entre las bases con abandono. Estuvo en las mayores durante ocho temporadas y se convirtió en un gran héroe en La Habana. Marsans también despertó interés en buscar talentos latinos. El primer hallazgo de estos cazatalentos fue Adolfo Luque, un excelente atleta integral que lanzó en las mayores durante 20 años. En la misma época en que Luque firmó, había un lanzador aún mejor en Cuba. Su nombre era José Méndez pero el hecho de tener la piel oscura le impidió lanzar en las mayores.

La barrera de color levantada en el béisbol a finales del siglo XIX estaba dirigida especialmente a afroamericanos. En esa época nadie pensó que los latinos—que vienen en todos los tonos de blanco, negro y café— algún día serían tan buenos como para poner en riesgo los trabajos de los blancos en las ligas mayores. Y como la regla no estaba escrita, nadie tenía una definición acerca de lo que constituía ser "demasiado negro". Aún si un jugador latino era considerado "lo suficientemente blanco" también

THE REVOLUTION

From 1871, when the first professional baseball league started in the United States, to 1947, when organized baseball finally opened its doors to people of all races, less than four dozen Latino players made it to the major leagues. In 2001, slightly less than a third of all "first-string" players in the big leagues were Latinos. It is a "revolution" that has changed the look and the feel and the flavor of baseball. It also has altered the culture and economy in many Spanish-speaking nations.

The roots of the revolution began in the 1800s. In the years following the American Civil War, baseball fever spread to every corner of the U.S. and was enjoyed by all kinds of people. Among these baseball lovers were sailors, who played the game to get exercise whenever they reached dry land. The island of Cuba, which lies less than 100 miles (160 kilometers) off the Florida coast, was a regular stop for merchant seamen. The country supplied America with much of its sugar.

On their sugar runs to Cuba, sailors probably played baseball after loading their boats. Cubans who lived and worked near the docks no doubt found the Americans and their game very interesting. In the spring of 1866, sailors from an American ship docked in Havana harbor challenged a group of Cuban dockworkers to a game. Two years later, baseball had become popular enough in Cuba, especially among young educated gentlemen, so that a match was arranged between a club from Havana and a club from Matanzas. Playing for Havana were Esteban Bellan and Emilio Sabourin. Bellan became the first Latino to play professionally in the U.S. Under the name of "Steve" (the Spanish translation of Esteban), he played the infield for the Troy Haymakers and New York Mutuals from 1871 to 1873. Sabourin spent the rest of his life promoting the game in Cuba, and is regarded as the "father" of Latino baseball.

The first Latino player to make an impact in the majors was Cuban outfielder Armando Marsans. He was discovered playing in the U.S. for a Negro League barnstorming team called the Cuban Stars. The Cincinnati Reds signed him in 1911. Marsans was not the best player on the Stars, but he may have been the "whitest." In other words, his skin color was not so dark that he might be considered black. This was an important point in 1911, as the unwritten rule barring nonwhites from playing was strictly enforced.

Marsans was a defensive specialist who ran the bases with abandon. He lasted in the majors for eight seasons and was a huge hero back in Havana. Marsans also sparked interest in the scouting of Latino players. The

__RIGHT:__ The Boston Braves wait for their bus outside a Havana hotel. White fans in the 1930s and 1940s had no idea how much baseball talent there was in Spanish-speaking countries, but white major leaguers knew.
__LEFT:__ Armando Marsans was the first Latino to have his own baseball card.

podía ser rechazado si tenia rasgos "africanos". Aunque muchos jugadores latinos de piel clara jugaron en las mayores en los años 20 y 30, los mejores jugadores trabajaban duro por un bajo salario en equipos de "color", como los Elite Giants de Baltimore o los Yankees Negros de Nueva York. Tal estupidez finalmente terminó cuando Jackie Robinson hizo su debut en las ligas mayores de 1947.

Arriba y Abajo: *Botones conmemorativos son unas de las pocas reliquias que quedan de los equipos de la Negro League donde jugaron estrellas latinas de piel oscura.* **Derecha:** *Adolfo Luque jugó bajo el nombre de "Dolf" durante sus 20 años en las mayores.*

En los años de posguerra, el béisbol latino floreció. Una vez superada la cuestión del color de la piel, los equipos podían firmar a quien quisieran. Sistemas de siembra empezaron a dar como resultado un fluir constante de talento de países hispanohablantes. Sin embargo sólo unos pocos de estos jugadores llegaron a las mayores. Las barreras de lenguaje y cultura seguían en pie, y como casi no había latinos instructores o en cargos administrativos, la mayoría de los jóvenes prospectos nunca llegaban a desarrollar por completo sus capacidades. Esta situación continuó durante 25 años y sólo hasta los años 70 las organizaciones comenzaron a esforzarse en cubrir las necesidades especiales de los jóvenes latinos que luchaban por triunfar en las menores.

En las dos últimas décadas, los equipos han refinado su caza de talentos latinos. Casi todos los equipos tienen una "academia" o un punto de entrenamiento en alguna parte del Caribe, y los buenos prospectos casi nunca pasan desapercibidos. Esta reserva de talento se ha hecho tan importante para los equipos de las mayores que resulta dudoso que pudieran seguir funcionando sin ella. Con los costos disparados de mantener una operación de béisbol, lo único "barato" en estos días en el béisbol es el talento joven latino. Como en la actualidad los equipos deben pagar altísimos bonos al firmar a los mejores jugadores de secundaria o a quienes surgen de los sorteos de talento de las universidades, no tienen más alternativa que "rellenar" las alineaciones de sus ligas menores con jugadores más baratos. Cuando un muchacho de 16 o 17 años de, digamos, la República Dominicana puede ser contratado por unos pocos miles de dólares, ¿por qué razón habrían los equipos de mirar a otra parte?

Los equipos defienden sus acciones argumentando que este sistema le da la oportunidad a más jugadores latinos de llegar a las grandes ligas. Aparentemente esto es cierto. Pero una vez llegan a las menores, estos adolescentes se dan cuenta que sólo son usados como "relleno": se necesitan nueve jugadores en defensa por equipo y a menudo están allí sólo por esa razón. La mayoría juega una o dos temporadas y luego son remplazados; a menudo se quedan en los Estados Unidos ilegalmente y no vuelven a casa—otro problema que mencionan los críticos de la organización del béisbol. Por supuesto, cuando un equipo de las mayores ficha un prospecto latino y lo envía a las menores, espera que se convierta en una estrella. Las probabilidades están en su contra, pero sucede lo suficientemente a menudo como para que los cazatalentos sigan fichando muchachos y para que los muchachos sigan teniendo esperanzas de ser fichados.

El próximo paso en la revolución puede ser alguna forma de sorteo de talento latino. Por el momento cazatalentos recorren el Caribe compitiendo por jugadores en un salvaje 'todos contra todos'. Saben cómo "esconder" un descubrimiento hasta que firme un contrato y cómo aprovecharse de los padres de un muchacho, especialmente si son pobres o no tienen una educación formal. Eventualmente algún orden deberá imponerse. Cuando esto suceda, puede ser que las reglas cambien pero el juego—y los sueños de los muchachos que participan en él—seguirá siendo el mismo. Ya sea que un muchacho atrape su primer bateo con un guante reluciente o con un envase de leche pegado con cinta, llegar a *las ligas mayores* siempre será un gran honor y un logro máximo.

first real find for these scouts was Adolfo Luque, a terrific all-around athlete who pitched in the majors for 20 years. At the time Luque was signed, there was an even better pitcher in Cuba named Jose Mendez. Because Mendez was dark-skinned, he was not allowed to play in the big leagues.

When baseball erected its color barrier in the late 1800s, it was aimed specifically at African Americans. It never occurred to anyone at the time that Latinos—who came in all shades of white, black, and brown—would one day be good enough to take jobs away from white major-leaguers. And because the rule was unwritten, no one had any definition of what "too black" was. Even if a Latino player was considered "white enough" he still might be rejected if he had "African" features. Although many light-skinned Latinos played in the majors during the 1920s and 1930s, the best players toiled for low wages with "colored" teams, such as the Baltimore Elite Giants and New York Black Yankees. The stupidity finally ended when Jackie Robinson made his major-league debut in 1947.

ABOVE: *Adolfo Luque went by the name "Dolf" during his 20-year career in the majors.*
LEFT: *Souvenir buttons are among the few relics that remain from the Negro League teams that were home to dark-skinned Latino stars.*

In the postwar years, Latino baseball blossomed. With skin color no longer an issue, teams could sign whomever they liked. Farm systems started to see a steady flow of talent from Spanish-speaking countries. However, only a handful of these players worked their way to the majors. The barriers of language and culture still existed, and with almost no Latinos in executive or coaching positions, most young prospects failed to fully develop their skills. This situation existed for 25 years; not until the 1970s did organizations make an effort to address the special needs of young Latinos as they struggled to succeed in the minors.

Over the last two decades, teams have become more sophisticated in the scouting and signing of Latino players. Almost every club has an "academy" or workout facility somewhere in the Caribbean, and good prospects rarely go unnoticed. So vital has this talent pool become to major-league teams that it is doubtful they could function without it. With the costs of running a baseball organization skyrocketing, the only "cheap" thing in baseball these days is young Latino talent. Because teams must now pay big signing bonuses to American high-school and college draft picks, they have no choice but to fill out their minor-league rosters with inexpensive players. When a 16- or 17-year-old from, say, the Dominican Republic can be signed for a few thousand dollars, why would teams look anywhere else?

Baseball defends its actions by saying that this system gives more Latino players a chance to make it to the big leagues. On the surface, this is true. But once they arrive in the minors, these teenagers realize that they are just "warm bodies." You need nine players to field a team, and often they are there for that reason alone. Most play a season or two and then get cut; often they stay in the United States illegally rather than returning home—another problem for which organized baseball has been criticized. Of course, when a major-league team signs a Latino prospect and sends him to the minors, the hope is that he will blossom into a star. The odds are against it, but it happens often enough so that the scouts keep signing boys, and boys keep hoping to get signed.

The next step in the revolution may be some sort of Latino draft. Right now, scouts crisscross the Caribbean competing for talent in a wild free-for-all. They know how to "hide" a discovery until he is signed, and they know how to take advantage of a boy's parents, especially if they are poor or uneducated. Eventually, some order will have to be imposed. If and when that happens, the rules may change, but the game—and the dreams of the boys who play it—will remain the same. Whether a kid fields his first grounder with a brand-new glove or a taped-together milk carton, making it to *las ligas mayores* will always be the ultimate honor and achievement.

Aunque los hispanos han jugado béisbol durante 150 años, la tradición de bateo en América Latina se ha demorado en desarrollarse. Lanzamientos inteligentes, defensas vistosas y una forma atrevida de correr entre las bases fueron más apreciados que un gran bateo durante muchos, muchos años.

Había varias razones para esto. Primero, la calidad sospechosa de las bolas de béisbol en los primeros juegos que después de una entrada o algo así se hacían esponjosas. Los lanzadores podían hacerlas curvar y caer drásticamente, mientras los bateadores veían frustrados cómo posibles cuadrangulares terminaban dócilmente en los guantes de los jardineros. Era más sensato mover el bate más tarde y tratar de colocar la bola entre jardineros que tratar de sacarla del campo. Así los primeros "bateadores potentes" del juego fueron quienes podían enviar la bola entre los agujeros de la formación para conseguir hits dobles y triples. Los jonrones eran relativamente extraños.

Segundo, los campos eran por lo general bastante grandes –tratar de sacarla del terreno no tenía mucho sentido. Además, ser ponchado causaba gran vergüenza, mucho más que en un juego de los Estados Unidos. Una cosa era perder la batalla con una rola o un elevado perezoso pero terminar pegado al piso tirandole al tercer strike era simplemente vergonzoso.

El primer gran bateador reconocido en el Caribe fue Cristobal Torriente de Cuba. Durante el verano, jugaba para equipos itinerantes de la Negro League de los Estados Unidos y en el invierno, reinaba en la Liga Cubana. En la cúspide de su popularidad en los años 20 era conocido como el "Ruth cubano". En un famoso encuentro contra Babe Ruth, bateó tres jonrones—incluyendo uno del mismo Ruth—mientras el Babe termino con 0 de 4. Como Torriente era de tez oscura, no pudo jugar en las ligas mayores. Pero muchos Latinos de "piel clara" jugaron en las ligas mayores antes que Jackie Robinson rompiera la barrera del color en 1947. Ninguno, sin embargo, logró reconocimiento por su bateo.

__ARRIBA:__ Bobby Ávila posa para su tarjeta de béisbol de 1953. Fue el primer latino en ganar un título de bateo.
__DERECHA-ENCIMA:__ Orestes "Minnie" Minoso fue una estrella en los años 40, 50, y 60.
__DERECHA-ABAJO:__ Como lo demuestra esta postal de 1982, Roberto Clemente seguía siendo un héroe para millones de personas diez años después de su muerte.

La primera ola de bateadores surgida del béisbol latino apareció en los años 50. Apreciados al principio por su velocidad y habilidad defensiva, Minnie Minoso (Cuba), Bobby Ávila (México), Luis Aparicio (Venezuela), y Vic Power y Roberto Clemente (ambos de Puerto Rico) se convirtieron en emocionantes jugadores ofensivos. Ávila fue el primer latino en ganar un título de bateo, en 1954.

Al final de la década de 1950, varios latinos habían conseguido posiciones titulares gracias a su bateo, incluyendo a Héctor López (Panamá), Román Mejías (Cuba), y Orlando Cepeda (Puerto Rico). En los años 60, había más de dos docenas de buenos bateadores hispanos en las mayores, incluyendo los cubanos Tony Pérez, Tony Oliva, Zoilo Versalles, Bert Campaneris, José Cardenal, y Tony González, los venezolanos César Tovar y Vic Davalillo, y los dominicanos Rico Carty, Manny Mota, y los hermanos Alou, Felipe, Matty y Jesús. En 1963, los Alou jugaban juntos en el mismo campo exterior de los Giants, causando una celebración nacional en la República Dominicana. En 1966 y luego en 1967, los tres mejores promedios de bateo correspondieron a latinos.

El primer campeón latino de jonrones fue Cepeda, quien consiguió 46 en 1961. El primero en liderar la tabla de hits en la liga fue Minoso (1960). El primero en carreras fue Oliva (1964). Y el primero en ser reconocido como el jugador más valioso fue Versalles (1965), seguido por Clemente (1966).

Although baseball has been played by Spanish-speaking people for 150 years, the hitting tradition in Latin America and the Caribbean was slow in taking shape. Clever pitching, flashy defense, and daring base-running were more highly prized than a powerful bat for many, many years.

There were a number of reasons for this. First, the quality of the baseballs used in early games was often suspect. After an inning or so, the balls would become mushy. Pitchers could make them curve and dip sharply, while hitters watched in frustration as would-be home runs settled harmlessly into outfielders' gloves. It made more sense to swing later and attempt to place the ball between fielders than it did to take a full cut. Thus the game's first "power hitters" were the ones who could line balls into the gaps for doubles and triples. Home runs were relatively rare.

Second, the ballparks were generally quite large—shooting for the fences hardly made sense. Also, there was great shame attached to striking out, far more than in the American game. It was one thing to lose a battle with a grounder or lazy fly ball. But getting corkscrewed into the ground on a swinging third strike was just embarrassing.

The first well-known slugger in the Caribbean was Cuba's Cristobal Torriente. In the summers, he played for barnstorming Negro League teams in the U.S. In the winters, he ruled the Cuban League. During his heyday in the 1920s, he was known as the "Ruth of Cuba." In one famous confrontation against Babe Ruth, he slugged three homers—including one off Ruth himself—while the Babe went 0-for-4. Because Torriente was dark-skinned, he was banned from the major leagues. But many "light-skinned" Latinos played in the majors before Jackie Robinson broke the color barrier in 1947. None, however, made an impact with his bat.

The first wave of hitters to emerge from Latin baseball began in the 1950s. Originally prized for their speed and defensive abilities, Minnie Minoso (Cuba), Bobby Avila (Mexico), Luis Aparicio (Venezuela), and Vic Power and Roberto Clemente (both from Puerto Rico) blossomed into exciting offensive players. Avila became the first Latino to win a batting title, in 1954.

In the late 1950s, several Latinos won starting jobs solely on the basis of their bats, including Hector Lopez (Panama), Roman Mejias (Cuba), and Orlando Cepeda (Puerto Rico). By the 1960s,

ABOVE: *Orestes "Minnie" Minoso was a star in the 1940s, 50s, and 60s.*
BELOW: *As this 1982 postcard shows, Roberto Clemente was still a hero to millions a decade after his death.*
LEFT: *Bobby Avila poses for his 1953 baseball card. He was the first Latino to win a batting title.*

En la década de 1970 volvieron las ofensivas centradas en velocidad gracias a la introducción del prado artificial. Esa modalidad estaba hecha a la medida del juego latino, lo que permitió que surgieran varias estrellas, incluyendo al dominicano César Cedeño, el boricua José Cruz, y los panameños Manny Sanguillén y Rod Carew, quien ganó siete títulos de bateo y casi pegó .400 en 1977. Otra tendencia importante durante este periodo fue la llegada al estrellato de varias figuras del bateo nacidas en Estados Unidos de familias latinas. Keith Hernández, Lou Piniella y Davey Lopes fueron especialmente adorados en el país por las cada vez más numerosas segunda y tercera generaciones de aficionados latinos, porque representaban a su manera la versión en el terreno del béisbol del Sueño Americano.

Es interesante, pero los jonroneros latinos siguieron siendo una rareza hasta comienzos de los años 80. Luego vino un grupo que bateaba en profundidad con sus mejores exponentes, incluyendo al panameño Ben Ogilvie, el venezolano Tony Armas, los dominicanos Pedro Guerrero y George Bell, y un poco después el cubano José Canseco, quien llevó la potencia en el bate a un nivel completamente nuevo.

Finalmente, en los años 90, mientras los equipos de las ligas mayores perfeccionaban sus programas de búsqueda y entrenamiento en países de habla hispana, la generación actual de estrellas del bateo llegó al juego. Hoy no es raro abrir un diario y ver latinos dominando la liga en jonrones, carreras impulsadas, promedio y otras categorías ofensivas importantes. Como lo ha hecho tantas veces en el pasado, el lenguaje y sabor del béisbol ha cambiado para reflejar las nuevas culturas que componen los Estados Unidos.

ARRIBA: *El panameño Rod Carew fue el mejor bateador del béisbol de los 70.*
ABAJO: *El poderoso Orlando Cepeda tenía el apodo de "El Torito."*
DERECHA: *El bateador José Canseco condujo a los A's a tres títulos seguidos de división entre 1988 y 1990.*

there were more than two dozen good Hispanic hitters in the majors, including Cubans Tony Perez, Tony Oliva, Zoilo Versalles, Bert Campaneris, Jose Cardenal, and Tony Gonzalez, Venezuelans Cesar Tovar and Vic Davalillo, and Dominicans Rico Carty, Manny Mota, and the Alou brothers, Felipe, Matty, and Jesus. In 1963, the Alous appeared in the same outfield together for the Giants, setting off a national celebration in the Dominican Republic. In 1966 and again in 1967, the top three batting averages in baseball belonged to Latinos.

The first Latino home-run champion was Cepeda, who hit 46 in 1961. The first to lead the league in hits was Minoso (1960). The first to lead the league in runs was Oliva (1964). And the first to win an MVP award was Versalles (1965), followed by Clemente (1966).

The 1970s saw the return of speed-oriented offenses thanks to the introduction of artificial turf. This style was tailor-made for the Latino game. During this time several stars emerged, including Dominican Cesar Cedeno, Puerto Rican Jose Cruz, and Panamanians Manny Sanguillen and Rod Carew, who won seven batting titles and nearly hit .400 in 1977. Another noteworthy trend during this period was the rise to stardom of several American-born hitting stars from Latino families. Keith Hernandez, Lou Piniella, and Davey Lopes were especially revered by the country's growing legion of second- and third-generation fans, for in their own way they represented baseball's version of the American Dream.

Interestingly, Latino power hitters remained a rare commodity until the early 1980s. Then came a group that could go deep with the best of them, including Panamanian Ben Ogilvie, Venezuelan Tony Armas, Dominicans Pedro Guerrero and George Bell, and a bit later Cuban Jose Canseco, who took the power game to a whole new level.

Finally, in the 1990s, as major-league teams perfected their scouting and coaching programs in Spanish-speaking countries, the current generation of hitting stars came into the game. Today, it is not unusual to open a newspaper and see Latinos dominating the league leaders in home runs, RBIs, average, and other key offensive categories. As it has so many times in the past, the language and flavor of baseball has changed to reflect the new cultures that make up America.

LEFT–TOP: *Panama's Rod Carew was baseball's best hitter in the 1970s.*
LEFT–BOTTOM: *Powerful Orlando Cepeda was called the "Baby Bull."*
RIGHT: *Slugger Jose Canseco led the A's to three straight pennants from 1988 to 1990.*

"Probablemente sea el bateador más natural que haya visto".

— RON GANT, ANTIGUO COMPAÑERO DE EQUIPO

Cuando Bobby Abreu llega al plato, jugadores de ambos bancos dejan todo y sólo observan. Así de suave es su swing. "Tiene el swing más dulce que se pueda tener", dice Rico Brogna, un antiguo compañero de equipo.

Ese swing tiene una dulce historia. Bobby aprendió a batear jugando con un palo de escoba en Venezuela en la clase de juegos donde una pegada rápida y a nivel es la mejor forma de lograr un contacto consistente entre la pelota y el delgado bate. Cuando tenía 15 años, todos en su pueblo de Araguá sabían de su pegada, incluídos los cazatalentos de los Astros de Houston.

Los Astros invitaron a Bobby a ir a su escuela en Valencia donde recibió buen entrenamiento, el mejor equipo y donde pudo probar de primera mano cómo era el béisbol en los Estados Unidos. Los Astros firmaron a Bobby unos meses después de cumplir 16 años y lo primero que hicieron fue cambiarlo del diamante al jardín. Sus brazos largos y zancadas galopantes hacían que jugar en segunda base le fuera difícil en ocasiones, pero eran perfectas para ir tras batazos elevados. Aunque era el jugador más joven del sistema de siembra de Houston, Bobby ya parecía un miembro de las ligas mayores. A dónde fuera, todo el mundo lo felicitaba por aquel bateo.

ARRIBA: *Como lo muestra esta tarjeta, Bobby también es famoso por correr entre bases.*
DERECHA: *El swing suave y compacto de Bobby le permite sacar la pelota a cualquier parte del campo.*

Luego de cuatro temporadas sólidas en las menores, Bobby casi estaba listo para las ligas mayores. Podía batear por promedio y conseguir jonrones, robar bases y sacar corredores de cualquier parte, pero seguía teniendo problemas contra lanzadores zurdos, y esto lo frustraba. Parecían saber lo que pensaba, y a menudo se veía ridículo cazando lanzamientos fuera de la zona de strike. Ese invierno, el joven de 20 años estudió cintas de zurdos y comenzó a notar lo que hacían diferente a los lanzadores diestros. En sus dos siguientes temporadas con el equipo triple A de Tucson, Bobby tuvo un promedio superior a .300 contra zurdos. Ya no había duda sobre cuál era su lugar.

¿SABÍA USTED?

El jugador que Bobby más admiraba como adolescente era Roberto Alomar.

En 1997, Bobby ganó la posición de jardinero derecho de Houston, donde todo iba bien hasta que una severa lesión de muñeca arruinó su temporada. Dudando de su salud, los Astros lo dejaron desprotegido en el sorteo de expansión, y fue seleccionado por los Devils Rays de Tampa Bay. ¡Ese mismo día Tampa Bay lo cambió a los Philadelphia Phillies!

Decidido a demostrar tanto a los Astros como a los Devils Rays que habían cometido un gran error, Bobby tuvo la clase de año que todo el mundo preveía. Bateó .312 con 52 extra-base hits. En 1999, subió su promedio a .335, y en el 2000, de nuevo bateó sobre .300—pero esta vez con 42 dobles, 10 triples y 25 jonrones. Hoy es considerado un "bateador de bateadores"... y, nada raro, uno de los bateadores que los lanzadores detestan enfrentar.

20 JONRONES/20 BASES ROBADAS — 1999–2001

"He's probably the most natural hitter I've ever seen."

— FORMER TEAMMATE RON GANT

When Bobby Abreu steps to the plate, players in both dugouts stop what they are doing and just watch. That is how smooth his swing is. "He's got the sweetest swing you could possibly have," says former teammate Rico Brogna.

That swing has a sweet story behind it. Bobby first learned how to hit playing stickball in Venezuela. In this game a quick, level stroke is the best way to make consistent contact with a skinny broom handle. By the time Bobby was 15, everyone in his hometown of Aragua knew about his swing, including scouts from the Houston Astros.

The Astros invited Bobby to attend their school in Valencia. There he received good coaching, the best equipment, and got a feel for what baseball was like in the United States. The Astros signed Bobby a few months after his 16th birthday. The first thing they did was switch him from the infield to the outfield. His gangly arms and loping strides made playing second base difficult at times; but they were perfect for chasing down fly balls. Although he was the youngest player in the Houston farm system, Bobby already had the look of a major leaguer. Wherever he went, everyone raved about that swing.

DID YOU KNOW?

The player Bobby most admired as a teenager was Roberto Alomar.

After four solid minor-league seasons, Bobby was nearly ready for the majors. He could hit for average and power, steal bases, and throw runners out at any base. He still had trouble against lefthanded pitchers, and this frustrated him. They seemed to know what Bobby was thinking, and often he would look foolish chasing after pitches out of the strike zone. That winter, the 20-year-old studied tapes of lefties and began to notice the things they did differently than righthanders. During his next two seasons, with Class-AAA Tucson, Bobby hit over .300 against southpaws. There was no longer any doubt that he belonged.

In 1997, Bobby won Houston's rightfield job. He was doing well until a severe wrist injury ruined his season. Unsure of his health, the Astros left him unprotected in the expansion draft, and he was selected by the Tampa Bay Devil Rays. That very same day, he was traded by Tampa Bay to the Philadelphia Phillies!

Determined to prove both the Astros and Devil Rays had made big mistakes, Bobby went out and had the kind of year everyone thought he could. He batted .312 with 52 extra-base hits. In 1999, he increased his average to .335, and in 2000, he again hit over .300—but this time with 42 doubles, 10 triples, and 25 home runs. Today, he is considered a "hitter's hitter"... and not surprisingly, one of the batters that pitchers just hate to face.

LEFT: *As this card shows, Bobby is also known for his baserunning.*
RIGHT: *Bobby's smooth, compact swing allows him to drive the ball to all fields.*

20 HOMERS/20 STEALS — 1999–2001

"Si terminan llamándome el mejor Alou, eso estaría bien".

— Moisés Alou

Para la mayoría de jóvenes dominicanos, el béisbol representa un sueño imposible. Para Moisés Alou, era simplemente una cuestión de familia. Su padre, Felipe, fue un All-Star que encabezó en hits la Liga Nacional en 1966—ese mismo verano Moisés nació en Atlanta, Georgia. Sus tíos, Mateo y Jesús, también jugaban en las mayores.

La vida del béisbol no es fácil, y tuvo un precio muy alto para la familia Alou. Felipe y María se divorciaron cuando Moisés era un muchacho. Se fue a vivir con su madre a Santo Domingo mientras su padre se casaba nuevamente.

El mejor amigo e ídolo de Moisés era su hermano mayor, Felipito. Era la estrella de la familia—un fabuloso jugador que parecía camino a convertirse en un grande de las ligas mayores. Pero Felipito murió en un accidente cuando Moisés tenía nueve años y pronto Moisés era el mejor jugador de béisbol de la familia.

Tenía manos fuertes y rápidas como su padre, y era un jardinero con un brazo poderoso y exacto. Tras desarrollar su talento en las ligas juveniles de Santo Domingo, entró a junior college en los Estados Unidos donde cazatalentos de los Pirates de Pittsburgh comenzaron a seguir su progreso. El equipo finalmente lo reclutó en 1986.

Arriba: *Esta tarjeta muestra a Moisés justo tras haber sido cambiado a los Expos. Estaba muy feliz de hacer parte de la organización de Montreal.*
Derecha: *Moisés ataca la pelota cuando abanica, pero solo es ponchado por strikes en contadas ocasiones.*

Moisés ganó la experiencia y confianza que necesitaba y en su tercera temporada profesional terminó segundo en bateo en la Liga del Sur Atlántico. Aunque era considerado un "bateador indiscriminado", casi siempre hacía contacto y le pegaba con fuerza a la pelota. Menos de dos años después—a finales de julio de 1990—fue llamado por los Pirates. Tras sentarse en la banca por tres semanas, Moisés recibió una sorpresa: la transferencia a los Expos de Montreal.

Moisés recibió el cambio como una *buena* noticia, los Expos estaban armando un equipo fuerte para el futuro. A final de ese año, sin embargo, Moisés se lesionó jugando en la liga de invierno. Se desgarró el manguito rotador de su hombro derecho—una herida seria que requirió cirugía y un año de recuperación. En la primavera de 1992, Moisés estaba bien nuevamente y consiguió un puesto titular en el entrenamiento de primavera. En mayo, el dirigente Tom Runnells fue despedido y remplazado por Felipe. ¡Padre e hijo se reunían finalmente!

¿Sabía Usted?

Moisés puede ser el primer jugador en tener su mejor año de la carrera tras perder toda una temporada por lesión. Relegado por una cirugía de rodilla en 1999, volvió para batear .355 para los Astros con 34 jonrones y 114 impulsadas.

Moisés terminó segundo en la votación de novato del año de 1992, y a partir de ese punto ha seguido mejorando. Bateó .339 en 1994 y llegó al equipo de las estrellas. En 1997, firmó un contrato como agente libre con los Marlins de Florida y les ayudó a obtener la Serie Mundial—algo que su padre jamás pudo experimentar.

Ahora que es un veterano respetado, Moisés se ha establecido como el bateador de swing libre más temido del juego. Tal como Felipe, ataca la pelota. Y tal como su padre, casi nunca recibe bases por bola o sale ponchado por strikes. Los asuntos de la familia jamás han estado en mejores manos.

Campeón Mundial — 1997

"If they end up calling me the best Alou, that would be nice."

— MOISES ALOU

For most young Dominicans, baseball represents an impossible dream. To Moises Alou, it was simply the family business. His father, Felipe, was an All-Star who led the National League in hits in 1966—the same summer Moises was born in Atlanta, Georgia. His uncles, Mateo and Jesus, also played in the major leagues.

The baseball life is not an easy one, and it took a heavy toll on the Alou family. Felipe and Maria were divorced when Moises was still a boy. He went to live with his mother in Santo Domingo, while his father remarried.

Moises's best friend and idol was his older brother, Felipito. He was the star of the family—a terrific young player who looked like he would become a great major leaguer. When Moises was 9, Felipito died in an accident.

Soon Moises was the family's best baseball player. He had quick, strong hands like his father, and he was a fast outfielder with a powerful and accurate arm. After developing his talents in Santo Domingo's youth leagues, he attended junior college in the United States. Scouts from the Pittsburgh Pirates began following his progress, and the team drafted him in 1986.

DID YOU KNOW?

Moises might be the first player ever to have a "career year" after missing an entire season due to injury. Sidelined by knee surgery in 1999, he came back to bat .355 for the Astros with 34 home runs and 114 RBIs.

Moises gained the experience and confidence he needed and in his third pro season finished second in batting in the South Atlantic League. Although he was considered a "free swinger," he almost always made contact and hit the ball hard. Less than two years later—in late July of 1990—he was called up by the Pirates. After sitting on the bench for three weeks, Moises received some startling news. He had been traded to the Montreal Expos.

Moises considered this *good* news. The Expos were building a strong team for the future. That winter, however, Moises injured himself playing in the winter league. He tore the rotator cuff in his right shoulder—a serious injury that required surgery and a full year of recovery. In the spring of 1992, Moises was healthy again and won a starting job in spring training. In May, manager Tom Runnells was fired and replaced with Felipe. Father and son were finally reunited!

Moises finished second in the Rookie of the Year voting in 1992, and just got better from there. He batted .339 in 1994 and made the All-Star team. In 1997, he signed a free-agent contract with the Florida Marlins and helped them win the World Series—something his father never had a chance to experience.

Now a respected veteran, Moises has established himself as the most feared free-swinger in the game. Just like Felipe, he attacks the baseball. And just like his dad, he rarely walks or strikes out. The family business has never been in better hands.

LEFT: *This card shows Moises right after being traded to the Expos. He was very happy to join the Montreal organization.*
RIGHT: *Moises attacks the ball when he swings, but he rarely strikes out.*

WORLD CHAMPION — 1997

"Todos esos años con mi padre, en la secundaria y la universidad, estaba preparándome para una carrera profesional—cosas que otras personas deben experimentar, yo ya las sabía". — JOSÉ CRUZ, JR.

Crecer como el hijo de una estrella de las grandes ligas implica una vida de privilegios y presiones. De un lado hay muchas puertas abiertas que de otra forma permanecerían cerradas, pero del otro, todo el mundo espera que uno sea tan bueno—o mejor—que su padre. Para algunos jugadores jóvenes esto es una trampa, pero para unos pocos elegidos puede ser una plataforma de lanzamiento.

ARRIBA: *José recibe un saludo especial tras conectar un jonrón.*
DERECHA: *José aparecía en las carátulas de las revistas mucho antes de llegar a las ligas mayores.*

Durante 19 temporadas, José Cruz fue uno de los mejores bateadores en el juego. Lideró la Liga Nacional en hits en 1983 y bateó sobre .300 seis veces para los Astros de Houston. Para cuando José, padre, se retiró su hijo, José Jr., estaba por convertirse en un gran prospecto. Jugando para el Bellaire High School de Houston, consiguió destacarse como un jardinero de bateo ambidiestro y obtuvo una beca de Rice University, próxima a Houston. Tras ser seleccionado como un All-American durante tres años consecutivos, José entró al sorteo de talento de 1995 donde los Mariners de Seattle lo escogieron como su tercera elección posible.

Aunque ya era un jugador pulido, José pasó un poco más de dos años en las ligas menores antes de subir a las mayores. En 49 juegos en 1997, conectó 12 jonrones, marcó 34 carreras, y bateó .268. Seattle tenía un equipo excelente y José los hizo aún mejores. Pero hacia el final de julio, la banca de los Mariners' era un desastre. El manager general Woody Woodward buscaba buenos lanzadores suplentes, pero todo el mundo quería al mismo jugador a cambio: José. Finalmente, faltando unas horas para el límite de los cambios, envió a José con los Blue Jays de Toronto a cambio de dos lanzadores. José terminó el año con fuerza, bateando otros 14 imparables.

La mezcla de trabajo duro y entusiasmo de José continuaron en la temporada de 1998, pero en un Toronto más débil encontró bastantes menos lanzamientos de calidad para pegar. Su promedio de bateo cayó y sus ponches crecieron. Esto le valió un viaje a las menores—una vergüenza después de un primer año tan bueno. Cuando lo mismo sucedió en 1999, la gente comenzó a preguntarse si las expectativas habían sido demasiado altas.

¿SABÍA USTED?

Los jardineros de Rice University en 1995 fueron José, Mark Quinn, y Lance Berkman. Como miembros de las ligas mayores cinco años después, este trío produjo 75 jonrones.

Pero en el 2000 José demostró que no había sido así, obteniendo el puesto titular de jardinero central y manteniéndolo todo el año. Conectó 34 jonrones, marcó 91 carreras y demostró que pronto sería uno de los mejores jugadores defensivos en su posición.

Junto a su padre trabajó durante el invierno para mejorar los defectos de su bateo. Del lado derecho, José es un bateador consistente al que le falta potencia, y del izquiero, tiene una fuerza extraordinaria, pero batea demasiados lanzamientos malos. Si continúa recibiendo consejos paternos, los próximos años serán excelentes.

"All those years with my dad, through high school and college, were grooming me for a professional baseball career—things other people have to experience I already knew."

— JOSE CRUZ, JR.

Growing up as the son of a major-league baseball star is a life of privilege and pressure. Many doors are open to you that otherwise might not be. However, everyone expects you to be as good as—or better than— your dad. For some young players, it is a trap. But for a select few, it can be a launching pad.

For 19 seasons, Jose Cruz was one of the top hitters in the game. He led the National League in hits in 1983 and batted over .300 six times for the Houston Astros. By the time Jose Sr. retired, his son, Jose Jr., was on his way to becoming a big-time prospect. Playing for Bellaire High School in Houston, he made headlines as a switch-hitting outfielder and earned a scholarship from nearby Rice University. After being selected as an All-American three years in a row, Jose entered the 1995 draft. The Seattle Mariners selected him with the third overall pick.

DID YOU KNOW?

The Rice University outfield in 1995 starred Jose, Mark Quinn, and Lance Berkman. As major leaguers five seasons later, this trio produced 75 home runs.

Already a polished player, Jose spent a little more than two years in the minors before being promoted to the major leagues. In 49 games with Seattle in 1997, he smashed 12 home runs, knocked in 34 runs, and batted .268. Seattle had an excellent team, and Jose made them even better. But by the end of July, the Mariners' bullpen was a disaster. General Manager Woody Woodward searched for good relief pitchers, but everyone wanted the same player in return: Jose. Finally, with a few hours to go before the trading deadline, he sent Jose to the Toronto Blue Jays for two pitchers. Jose finished the year strong, with 14 more home runs.

Jose's mix of hard work and enthusiasm carried right into the 1998 season, but as part of a weaker Toronto club he saw far fewer quality pitches to hit. His batting average dropped and his strikeouts soared. This earned him a trip to the minors—an embarrassment after such a fine rookie year. When the same thing happened in 1999, people began to wonder if the expectations for Jose were indeed too high.

He finally proved them wrong in 2000, winning the centerfield job and keeping it all year long. Jose hit 34 home runs, scored 91 runs, and showed that he will soon be one of the better defensive players at his position. He and his father worked all winter long to plug the holes in his hitting. From the right side, Jose is a consistent hitter, but lacks power. From the left side, he has awesome strength but chases too many bad pitches. With continued fatherly advice, the next few years should be excellent ones.

LEFT: *Jose gets a "high five" after hitting a home run.*
RIGHT: *Jose was on magazine covers long before he reached the major leagues.*

"Sólo quiero salir y tener buenos batazos todos los días. Los números pueden cuidarse solos".

— Carlos Delgado

Imagínese dedicarse a algo toda la vida para que luego le digan que no puede hacerlo de forma permanente, por no ser lo suficientemente bueno. Eso le sucedió a Carlos Delgado, quien soñaba con ser un receptor de ligas mayores desde que tiene memoria. Cuando los Blue Jays de Toronto lo cambiaron a primera base después de seis años tras el plato, Carlos tuvo problemas para aceptarlo.

Arriba: Carlos extiende sus poderosos brazos.
Derecha: Esta revista de 1994 muestra a Carlos cuando era un receptor novato.

Al final se dio cuenta que tenían razón. Sería tonto pelearse contra toda una organización, y sabía que los jugadores tontos no duraban mucho. "Tienes que ser inteligente para permanecer en este juego", dice. "Mientras más rápido aprendas, más rápido tendrás éxito".

Carlos agradece a sus padres, Carlos y Carmen, el haberle dado la capacidad de entender sus alternativas y enfrentar imprevistos. Nacido en Aguadilla, Puerto Rico, fue criado para tener consideración y respetar las opiniones de los otros. "Me alegra venir de una familia buena", dice. "Eso me ha permitido acercarme al juego de manera realista".

Carlos comenzó a jugar de receptor a los seis años, porque era mucho más grande que sus compañeros, pero pronto se enamoró de esa posición. Cuando llegó a la secundaria estaba tan seguro de alcanzar las ligas mayores que empezó a tomar clases de inglés. "Sabía que como receptor tendría que hablar con los lanzadores", recuerda.

Carlos firmó con los Blue Jays en 1988, meses después de cumplir 16 años. En 1992, lideró la liga estatal de Florida en jonrones y carreras impulsadas, luego repitió la hazaña en 1993 tras ser promovido a Knoxville en la Liga del Sur. En septiembre de 1993, recibió la llamada para incorporarse a los Blue Jays en Toronto.

A Carlos todavía le faltaba como jugador defensivo, pero al bate parecía listo para aportar lo suyo cada día. En 1994, los Blue Jays lo llevaron al norte tras el entrenamiento de primavera para utilizarlo como bateador designado; allí alcanzó titulares al pegar ocho jonrones en sus primeros 14 juegos. Eventualmente los lanzadores encontraron sus puntos débiles y rápidamente volvió a las menores.

¿Sabía Usted?

En el invierno de 1993-94, los Senadores de San Juan tenían dos receptores en su nómina —Carlos Delgado y Javy López. ¡Tremendo!

En 1995, los Blue Jays le informaron a Carlos que sus días como receptor habían terminado. El equipo creía que la responsabilidad de esa posición lo estaba distrayendo de su bateo, y eso era lo que más necesitaban de él. En un año evolucionó hasta convertirse en un bateador fabuloso y desde entonces ha tenido en promedio más de 35 jonrones y 100 impulsadas por temporada. En el 2000, estuvo a punto de ganar la triple corona, terminando con 41 jonrones, 137 carreras impulsadas y un promedio de .344. Tras la temporada, Carlos fue elegido como el jugador más valioso de *The Sporting News.*

Es curioso, pero en la época en que soñaba con ser un receptor, Carlos no se atrevió a imaginar que sería elegido jugador más valioso. "¡El béisbol es un juego raro!", dice riéndose.

Jugador Más Valioso — 2000

"I just want to go out there and have good at bats every day. The numbers will take care of themselves."

— Carlos Delgado

Imagine working your whole life at something only to be told you weren't good enough at it to hold a regular job. That is what happened to Carlos Delgado, who dreamed of being a major-league catcher for as long as he could remember. When the Toronto Blue Jays moved him to first base after six years behind the plate, Carlos had a hard time accepting it.

In the end, he realized they were right. It would be stupid to fight a whole organization, and he knew stupid players do not last long. "You've got to be smart to stay in this game," he says. "The quicker you learn, the quicker you succeed."

Carlos credits his parents, Carlos Sr. and Carmen, with giving him the ability to understand his choices and handle setbacks. Born in Aquadilla, Puerto Rico, he was raised to be considerate of others and respect their opinions. "I'm glad I come from a good family," he says. "That's made me approach the game realistically."

Did You Know?

In the winter of 1993–1994, the San Juan Senators had two catchers on the roster—Carlos Delgado and Javy Lopez. Wow!

Carlos started playing catcher at the age of six, mostly because he was bigger than his teammates. Soon he came to love the position. By the time he reached high school, he was so sure he would reach the major leagues that he began taking English courses. "I knew as a catcher I'd have to be talking to pitchers," Carlos remembers.

Carlos signed with the Blue Jays in 1988, a few months after his 16th birthday. In 1992, Carlos led the Florida State League in home runs and RBIs, then repeated this feat in 1993 after he was promoted to Knoxville of the Southern League. In September 1993, he got the call to join the Blue Jays in Toronto.

Carlos still had far to go as a defensive player, but as a hitter he seemed ready to contribute every day. In 1994, the Blue Jays brought him north after spring training and used him as a designated hitter. He made headlines by crashing eight home runs in his first 14 games, but eventually pitchers found his weak spots and soon he was back in the minors.

In 1995, the Blue Jays informed Carlos that his days as a catcher were over. The team believed that the burden of catching was distracting him as a hitter, and that was what they most needed Carlos to be. Within a year, he blossomed into an awesome power hitter, and since then he has averaged more than 35 home-runs and 100 RBIs a season. In 2000, he nearly won the triple crown, finishing with 41 home runs, 137 RBIs, and a .344 average. After the season, Carlos was voted *The Sporting News* Most Valuable Player.

It's funny. Back when he dreamed of being a catcher, Carlos never dared to dream that he would be an MVP. "Baseball is a crazy game!" he laughs.

Left: *Carlos extends his powerful arms.*
Right: *This 1994 magazine shows Carlos when he was a rookie catcher.*

Most Valuable Player — 2000

"Lo importante es que empuja 140 carreras año tras año y trabaja tan duro como cualquier otro jugador en el béisbol. Eso es lo que cuenta". — ALL-STAR DEAN PALMER

A menudo se escucha decir que "se juega por orgullo" cuando ya no hay posibilidades de ganar. Pues bien, Juan González ha estado en equipos ganadores toda su vida, y juega por orgullo cada vez que pisa el diamante. Como la mayoría de jugadores latinos, siente que su desempeño repercute más allá de sí mismo y de su equipo, que en el campo se juega por la reputación de su familia y por Puerto Rico. Con el paso de los años, el orgullo ha ayudado para que Juan consiga cosas increíbles pero también lo ha perjudicado. Su historia es una de las más fascinantes del juego.

ARRIBA: *La tarjeta de novato de Juan muestra una joven estrella confiada y tranquila.*
DERECHA: *Juan dio un giro a su carrera con una temporada brillante con los Indios en el 2001.*

Juan nació y se crió en Alto de Cuba, un barrio pobre en Vega Baja. Criminales y narcotraficantes reinaban de noche mientras el aburrimiento lo hacía de día. Para el joven Juan y sus amigos, el béisbol era una vía de escape. Desafortunadamente no había campos de béisbol en el vecindario y los muchachos tenían que jugar en la calle con tapas de botella y palos de escoba en vez de bolas o bates.

El padre de Juan era un maestro de escuela que ganaba lo justo para que su esposa pudiera quedarse en casa a cuidar de Juan y Puma, su medio hermano mayor. Los González advertían a sus hijos de los peligros de la calle y aunque Juan escuchaba, Puma no. Mientras Juan se convertía en estrella del béisbol, Puma se hacía adicto a las drogas.

En la primavera de 1986, cuando Juan tenía apenas 16 años, firmó un contrato con los Rangers de Texas. En las próximas cuatro temporadas, Juan mejoró continuamente. Aún extrañaba su casa de tiempo en tiempo—y se resentía cuando las cosas no salían como quería—pero los Rangers habían visto cosas similares en jugadores jóvenes y no se preocuparon. En 1989, Juan se unió a los Rangers al final del año y consiguió su primer jonrón de grandes ligas. Todo el invierno esperó poder convertirse en el jardinero izquierdo titular, pero cuando llegó al entrenamiento de primavera de 1990 descubrió que Texas tenía otros planes. El equipo creía que necesitaba otro año de experiencia en las menores y lo envió al equipo triple A de Oklahoma.

Juan se puso furioso. Decidido a hacer que el equipo lamentara esta decisión, procedió a triturar a sus oponentes de la liga menor sin piedad. Encabezó la Asociación Americana en jonrones y carreras impulsadas, e incluso tuvo tiempo para terminar la temporada con los Rangers.

¿SABÍA USTED?

El apodo de Juan es "Igor".
Era el nombre de su luchador favorito de niño.

Finalmente obtuvo su oportunidad para ser titular con Texas en 1991 cuando consiguió 27 jonrones y 102 carreras. En 1992, Juan conectó 43 jonrones para encabezar las ligas mayores. En 1993, él y Barry Bonds empataron a la cabeza de las mayores con 46 cuadrangulares.

De vuelta en casa en Puerto Rico, las cosas iban bien. Para dicha de Juan, la gente decía que algún día podría ser tan grande como Roberto Clemente. Pero en los Estados Unidos, Juan no recibía la misma clase de reconocimiento. Empujado a la picota pública, dudaba frente a periodistas deportivos

"The bottom line is the guy drives in 140 runs year in and year out and works as hard as any player in baseball. That's what counts." — ALL-STAR DEAN PALMER

You often hear about a team "playing for pride" when they have no chance of winning. Well, Juan Gonzalez has been on winning teams most of his life, and he plays for pride every time he sets foot on the diamond. Like most Latino players, he feels that his performance reflects on more than himself and his major-league team. Juan also plays for the reputation of his family and for Puerto Rico. Over the years, pride has driven Juan to achieve incredible things. But it has also hurt him. His story is one of the most fascinating in the game.

Juan was born and raised in the impoverished Alto de Cuba barrio of Vega Baja. Criminals and drug dealers ruled the night; boredom ruled the days. For young Juan and his friends, the main escape was baseball. Unfortunately, there were no baseball fields in the neighborhood, so the boys had to play in the street. There were no balls or gloves or bats to be had, so they used bottle caps and broomsticks.

> **DID YOU KNOW?**
>
> Juan's nickname is "Igor." It was the name of his favorite pro wrestler when he was a kid.

Juan's father was a schoolteacher. He made just enough so that his wife could stay home to look after Juan and his older half-brother, Puma. The Gonzalezes lectured their kids on the dangers of the streets. Juan listened, but Puma did not. While Juan was becoming a baseball star, Puma was getting hooked on drugs.

In the spring of 1986, when Juan was just 16, he signed a contract with the Texas Rangers. Over the next four seasons, Juan improved steadily. He was still homesick from time to time—and brooded when things did not go his way—but the Rangers had seen this before in young players and were not concerned. In 1989, Juan joined the Rangers late in the year, and he hit his first major-league home run. All winter, he looked forward to becoming Texas's everyday leftfielder. But when he arrived at spring training in 1990, he discovered that Texas had other plans. The team believed he needed another year of experience in the minors, and shipped him to Class-AAA Oklahoma City.

Juan was furious. Determined to make the team regret this move, he proceeded to pound his minor-league opponents without mercy. He led the American Association in homers and RBIs, and still had time to finish the season with the Rangers.

Juan finally got his chance to start for Texas in 1991. He hit 27 home runs and knocked in 102 runs. In 1992, Juan blasted 43 home runs to lead the major leagues. In 1993, both he and Barry Bonds hit 46 to lead the majors.

LEFT: *Juan's rookie card shows a confident and relaxed young star.*
RIGHT: *Juan turned his career around with a brilliant season for the Indians in 2001.*

ARRIBA: *Tras ser abucheado por los seguidores en Texas y Detroit, Juan se convirtió en un favorito de las multitudes en Cleveland.*
DERECHA: *Juan y el también puertorriqueño Rubén Sierra le dieron a Texas su famoso golpe uno-dos a comienzo de los años 90.*

y reporteros de televisión. No se había esforzado mucho por aprender inglés y ahora pagaba el precio. Como no quería parecer estúpido, Juan decidió distanciarse de la prensa. Algunos seguidores pensaron que no apreciaba su apoyo y comenzaron a cuestionar su personalidad.

Cuando lesiones y una espalda adolorida comenzaron a molestarle en 1994 y 1995, Juan se negó a jugar herido. Sentía que no debía darle a los seguidores nada menos que lo mejor. Esas ausencias también lo perjudicaron. Los seguidores de Texas, molestos porque no jugaba muy a menudo, lo abucheaban cuando salía al diamante. Esto hirió profundamente a Juan, y en cierta forma jamás lo perdonó. Su tristeza se hizo aún mayor cuando se enteró que Puma había muerto por una sobredosis de drogas.

Juan se recuperó en 1996 y tuvo una temporada fantástica. Ganó el premio al jugador más valioso, llevó a los Rangers a su primer título de la división y en las finales consiguió cinco jonrones contra los Yankees de Nueva York. En 1997 superó de nuevo la marca de los 40 jonrones y su mejor año llegó en 1998 cuando punteó la liga con 50 dobles y 157 impulsadas. Nuevamente, Juan fue elegido como el jugador más valioso de la Liga Americana.

El siguiente verano, fue llamado a jugar en el partido de las estrellas, pero no recibió los votos para ser alineado en la formación inicial. Insultado, se negó a participar. Los chiflidos retornaron, y Juan se sintió más y más molesto. Cansados de verlo descontento, los Rangers lo cambiaron a los Tigers de Detroit un mes después del final de la temporada.

Pero Juan tuvo problemas para aceptar el cambio de ambiente. Los Tigers habían construído un nuevo estadio que querían convertir en el nuevo hogar de González e incluso le ofrecieron descartar su antiguo contrato y firmar uno nuevo. Pero Juan actuó como si se sintiera insultado por el salario ofrecido por Detroit y criticó el estadio. Tras pasar su peor año en las mayores, dejó los Tigers. Descubrió que nadie lo quería por el salario que estaba exigiendo, y firmó con los Indians de Cleveland por un poco más de la mitad de su valor.

El equipo se alegró de tenerlo. Los Indians habían perdido a Manny Ramírez quien se había hecho agente libre y necesitaban con urgencia un jugador que remolcara carreras. Juan hizo que los seguidores de Cleveland olvidaran a Ramírez con un espectacular desempeño ofensivo y no necesitó mucho tiempo para que los aplausos retornaran.

Las personas cercanas a Juan dicen que ha abierto sus ojos. Entiende cuándo es importante tener orgullo y cuándo se convierte en un obstáculo. Aunque hay algunos jugadores a quienes les gusta ser abucheados por el público, Juan no es uno de ellos. Espera que el público de casa jamás le haga eso. ¡De hecho, evitarlo se ha convertido para él en una cuestión de orgullo!

Back home in Puerto Rico, things were going well. To Juan's delight, people were saying he might one day be as great as Roberto Clemente. But in the U.S., Juan was not achieving the same kind of recognition. Thrust into the media spotlight, Juan recoiled from sportswriters and television reporters. He had not made much of an effort to learn English, and now he was paying the price. Not wanting to appear stupid, Juan chose to distance himself from the press. Some fans thought he did not appreciate their support, and began to question his character.

When injuries and a sore back began to bother Juan in 1994 and 1995, he was reluctant to play hurt. He felt he should not give fans anything less than his best. This also backfired on him. Texas fans were angry that he was taking so much time off, and often booed him when he played. This cut Juan deeply, and in a way he never forgave those fans. His misery was compounded when he received news that Puma had died from a drug overdose.

Juan returned to health in 1996 and had a fantastic season. He won the Most Valuable Player award and led the Rangers to their first division title. In the playoffs, he hit five homers in four games in a losing cause against the New York Yankees. Juan topped the 40-homer mark again in 1997, then had his best year ever in 1998. He led the league with 50 doubles and 157 RBIs. Once again, Juan was the American League MVP.

The following summer, Juan was selected to play in the All-Star Game, but was not voted into the starting lineup by the fans. Insulted, he refused to attend. The boos returned, and Juan got angrier and angrier. Sick of his pouting, the Rangers traded him to the lowly Detroit Tigers a month after the season ended.

Juan did not accept this sudden change of scenery well. The Tigers had built a new stadium and wanted to make it his new home. They even offered to tear up his old contract and negotiate a new one. Juan acted as if he were insulted by the salary Detroit was offering, and criticized the ballpark. After suffering through his worst year as a major leaguer, he left the Tigers. He found that no one wanted him at the salary he was demanding, and signed with the Cleveland Indians for little more than half his value.

The team was grateful to have him. The Indians had lost Manny Ramirez to free agency and desperately needed an RBI man. Juan made Cleveland fans forget about Ramirez with a spectacular offensive performance. In no time, the cheers returned.

Those close to Juan will tell you that his eyes are now open. He understands when pride matters and when it only gets in the way. Some players love to be booed, but Juan is not among them. He never wants to hear the home fans do that again. In fact, it has become a matter of pride for him!

LEFT: *After hearing the boos of fans in Texas and Detroit, Juan became a crowd favorite in Cleveland.*
RIGHT: *Juan and fellow Puerto Rican Ruben Sierra gave Texas a famous one-two punch in the early 1990s.*

MOST VALUABLE PLAYER — 1996 & 1998

"Créame, sé la suerte que tengo".

— Luis González

Para la mayoría de beisbolistas latinos, el obstáculo más importante para triunfar en los Estados Unidos es aprender un nuevo idioma y entender otras costumbres. A Luis González le sucedió lo contrario. Nacido y criado en la Florida, nunca se preocupó por integrarse en una cultura extraña. Fue en los diamantes donde tuvo que pasar casi una década de frustración.

Las raíces de Luis están en Cuba, de donde vinieron sus padres. Nacido en los Estados Unidos en 1967, creció en el semillero de béisbol de Tampa, donde los viejos hablaban sobre los héroes cubanos de béisbol de los años 40 y 50. Un excelente jugador de secundaria, aceptó una beca de la Universidad de South Alabama, donde se convirtió en una estrella. En 1988, al final de su primer año allí, los Astros de Houston lo seleccionaron en la cuarta ronda del sorteo de talento.

Los Astros vieron la figura musculosa de Luis y asumieron que se haría más firme para convertirse en un jonronero, pero la transformación nunca ocurrió. A pesar de llegar a las mayores en su tercera temporada profesional, Luis continuó siendo un bateador de línea y fue intercambiado a los Cubs en 1995. Volvió a Houston como un agente libre, luego terminó con los Tigers en 1998. La mayor parte de la fanaticada pensó que Luis, ahora en su tercera década, estaba de salida del béisbol.

Arriba: *Como lo muestra esta tarjeta, Luis tenía mucho en que pensar durante su estadía con los Astros.*
Derecha: *El hombre que "no podía pegar jonrones" enseña el trofeo tras ganar el concurso de jonrones en el partido de estrellas del 2001.*

Pero no los Diamondbacks de Arizona que vieron en él un bateador maduro que finalmente podría desarrollar una pegada contundente. Recibieron a Luis en canje a finales de la temporada de 1998 y le dijeron que continuara haciendo lo que hacía, pero que localizara ciertos lanzamientos en ciertas situaciones y tratara de sacarlos del estadio. Esa resultó ser la receta del éxito.

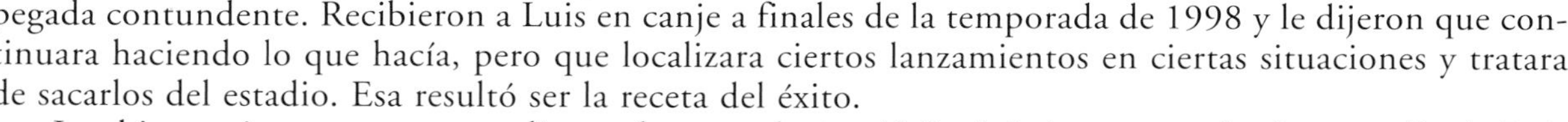

Los hits—y jonrones—se sucedieron durante el año. Al final de la temporada el promedio de Luis era de .336. Sus 206 hits encabezaban la Liga Nacional. Y obtuvo los mejores resultados de su carrera con 26 jonrones y 111 impulsadas. En el 2000, Luis continuó así. Bateó sobre .300 nuevamente, y su total de jonrones subió a 31. En el 2001, la transformación de Luis se completó y en el primer mes de la temporada conectó 13 cuadrangulares para empatar la marca de todos los tiempos de jonrones en abril. ¡En 30 días consiguió lo que antes le tomaba toda una temporada!

¿Sabía Usted?

Luis explica el nacimiento en 1998 de sus trillizos, Megan, Jacob, y Alyssa, por el cambio en su aproximación al béisbol. Por fin aprendió a no preocuparse por las expectativas y simplemente relajarse. "Cuando llego a casa les tiene sin cuidado si terminé con 0 de 4 o con 4 de 4", dice de sus hijos. "Sólo están felices de verme".

El béisbol es un deporte lleno de ironía y desafortunadamente la mayor parte es triste. En el caso de Luis, la ironía no podría ser más dulce. Cuando finalmente pudo liberarse, se convirtió en el bateador que todo el mundo quería ver.

"Believe me, I know how lucky I am."

— LUIS GONZALEZ

For most Latino baseball players, the most imposing obstacle to success in the United States is learning a new language and understanding new customs. For Luis Gonzalez, just the opposite was true. Born and raised in Florida, he never had to worry about fitting into a strange new culture. It was on the diamond that he endured almost a decade of frustration.

Luis's roots go back to Cuba, where his parents are from. Born in the United States in 1967, he grew up in the baseball hotbed of Tampa, where old-timers talked about Cuban baseball heroes of the 1940s and 1950s. An excellent high-school player, he accepted a scholarship to the University of South Alabama. There he became a star, and the Houston Astros selected him in the fourth round of the 1988 draft, at the end of his junior year.

The Astros looked at Luis's well-muscled physique and assumed he could bulk up and become a big-time power hitter. This never happened. Despite making it to the majors in his third pro season, Luis remained a line-drive hitter and was traded to the Cubs in 1995. He returned to Houston as a free agent, then ended up with the Tigers in 1998. Most fans figured Luis, now in his 30s, was on the way out of baseball.

DID YOU KNOW?

Luis credits the 1998 birth of triplets Megan, Jacob, and Alyssa with changing his approach to baseball. He has finally learned not to worry about expectations and just relax. "When I get home they don't care if I went 0-for-4 or 4-for-4," he says of his kids. "They're just happy to see me."

The Arizona Diamondbacks figured differently. They saw a mature hitter who might finally be able to develop a power stroke. They traded for Luis right after the 1998 season. The Diamondbacks told him to keep doing what he was doing, but to look for certain pitches in certain situations and try to drive them out of the ballpark. This turned out to be the recipe for success.

The hits—and home runs—kept coming all year. By season's end, Luis's average stood at .336. His 206 hits led the National League. And he achieved career highs with 26 homers and 111 RBIs. In 2000, Luis picked up where he left off. He batted over .300 once again, and raised his home-run total to 31. In 2001, Luis's transformation was complete. In the first month of the season he circled the bases 13 times to tie the all-time record for home runs in April. In 30 days he did what he once struggled an entire season to accomplish!

There is much irony in baseball; unfortunately, much of it sad. In Luis's case, the irony could not be sweeter. Finally free to be himself, he has become the hitter everyone always wanted him to be.

LEFT: *As this card shows, Luis had a lot on his mind during his time with the Astros.*
RIGHT: *The man who "could not hit home runs" displays the trophy he received for winning the Home Run contest at the 2001 All-Star Game.*

"¡Este muchacho es una máquina de béisbol!"

— Directivo Felipe Alou

Para la mayoría de jugadores, el béisbol es un trabajo, pero para Vladimir Guerrero continúa siendo un juego. Quienes recuerdan a Vladimir y a su hermano mayor, Wilton, jugando en las calles de Nizao Bani inmediatamente reconocen la exhuberancia y entrega con que juega. En esa época la pelota era un par de medias enrolladas, el bate una rama de guayabo y cajas de leche cortadas con cuidado eran usadas como guantes.

Arriba: *Vladimir disfruta cada minuto de su paso por las mayores.*
Derecha: *Vladimir era un "secreto" para muchos seguidores antes de llegar a la portada de* ***Sports Illustrated*** *en el 2000.*

Los Guerrero eran los mejores jugadores en una de las pocas regiones de la República Dominicana no conocida por producir talentos beisbolísticos. En el otoño de 1991, los Dodgers de Los Ángeles firmaron un contrato con Wilton quien pegó .387 en su primera temporada profesional. Vladimir, que en esa época tenía 15 años, ya llamaba la atención de cazatalentos. En la primavera de 1993 ensayó para los Dodgers que, nerviosos por ver lo delgado y larguirucho que era, lo tuvieron más de una semana pero no le ofrecieron un contrato. Un día, un hombre que llevaba a jóvenes prospectos entre campos de entrenamiento le sugirió hablar con los Expos de Montreal.

Vladimir llegó en la parrilla de la motocicleta del hombre, con zapatos de tallas diferentes, uno tenía una media en los dedos para ajustarlo. Corrió, lanzó y bateó bien, pero sufrió un calambre en la pantorrilla tras una hora en el campo. Fred Ferreira, quien dirigía el ensayo, había visto suficiente. Le pagó $200 al motociclista y firmó un contrato de $3,500 con el joven de 17 años ahí mismo. "Todavía no estoy seguro si el tipo de la moto sabe quién trajo ese día", dice Ferreira riendo.

Vladimir fue a trabajar inmediatamente con el equipo de Montreal en la Liga de Verano de la República Dominicana. En contacto con el béisbol organizado por primera vez, jugó básicamente por instinto y bateó sobre .300, sin embargo, a diferencia de otros ansiosos jóvenes dominicanos, Vladimir aprendió instantáneamente de sus errores y sintió la importancia de desarrollar fundamentos firmes.

Dos años más tarde, ambos hermanos Guerrero ganaron títulos de bateo—Vladimir con Albany de la Liga Sur Atlántica y Wilton con San Antonio de la Liga de Texas. En septiembre de 1996, ambos

"This boy is a baseball machine!"

— MANAGER FELIPE ALOU

To most players, baseball is a job. To Vladimir Guerrero, it is still a game. Those who remember Vladimir and his older brother, Wilton, playing in the streets of Nizao Bani instantly recognize the exuberance and abandon with which he plays. Back then, the ball was a rolled-up sock, the bat a guava tree limb, and carefully broken-in milk cartons served as gloves.

The Guerreros were the best players in one of the few parts of the Dominican Republic not known for producing baseball talent. In the fall of 1991, the Los Angeles Dodgers signed Wilton to a contract and he hit .387 in his first pro season. Vladimir, just 15 at the time, was already drawing the attention of scouts. In the spring of 1993, he was working out for the Dodgers, who were nervous at how thin and gangly he was. They had him for more than a week, but did not offer to sign him. One day, a man who shuttled young prospects to and from camps suggested he check out the Montreal Expos.

DID YOU KNOW?

When Vladimir was called up by the Expos in the fall of 1996, teammate Pedro Martinez let him stay in his Montreal apartment. Pedro's brother, Ramon, was a friend of Wilton's, and Pedro remembered meeting Vladimir years earlier when he was trying out for the Dodgers.

Vladimir arrived on the back of the man's motorcycle, wearing two cleats of different sizes, with a sock stuffed in the toe to even them out. He ran, threw, and hit well, but strained a hamstring after an hour or so on the field. Fred Ferreira, who was running the tryout, had already seen enough. He paid the motorcycle driver $200 and signed the 17-year-old to a $3,500 contract right on the spot. "I'm still not sure the guy on the motorcycle knows who he delivered to us that day," laughs Ferreira.

Vladimir went right to work for Montreal's team in the Dominican Summer League. Exposed to organized baseball for the first time, he played mostly by instinct and batted over .300. Unlike other wide-eyed Dominican boys, however, Vladimir learned instantly from his mistakes and sensed the importance of developing sound fundamentals.

Two years later, the Guerrero brothers each won a batting title—Vladimir with Albany of the South Atlantic League and Wilton with San Antonio of the Texas League. In September 1996, both were promoted to the majors, and both won full-time jobs in 1997. Expos manager Felipe Alou later admitted that Vladimir probably could have been a starter in 1996, but the team wanted him to have another year to polish his skills in the minors.

LEFT: *Vladimir enjoys every minute of his time in the majors.*
RIGHT: *Vladimir was a "secret" to many fans before he made the cover of **SPORTS ILLUSTRATED** in 2000.*

ARRIBA: *Las tarjetas de béisbol de Vladimir se han hecho muy populares entre los coleccionistas.*
DERECHA: *Vladimir observa un jonrón perderse en la noche.*

subieron a las mayores y ambos se hicieron titulares en 1997. El manager de los Expos Felipe Alou aceptó más tarde que Vladimir hubiera podido ser titular en 1996, pero el equipo quería que tuviera otro año para pulir sus habilidades en las menores.

Por eso Alou se rió cuando Vladimir llegó a su oficina con su maleta durante el entrenamiento de primavera de 1997. El empleado del hotel en Florida le había hecho una pregunta sobre su cuenta y el novato—quien casi no hablaba inglés—¡pensó que lo habían mandado de vuelta a las menores! Sintió tal alivio cuando Alou le dijo que seguía en el equipo que en el siguiente juego conectó un jonrón dentro del parque y tiró para sacar a un corredor del plato.

Vladimir dio esporádicas muestras de brillo en la temporada de 1997, pero varias lesiones lo relegaron a estar sólo en 90 juegos. Para muchos, parecía combinar las habilidades de tres miembros del Salón de la Fama. Jugaba con la felicidad de Willie Mays, el instinto de Roberto Clemente, y la agresividad y confianza de Frank Robinson. En 1998, los seguidores dejaron de hacer comparaciones y simplemente disfrutaron del espectáculo. En su primera mitad del año bateó .300 e iba camino a conseguir 30 jonrones y empujar 90 carreras. En la segunda mitad, Vladimir hizo ver pequeños esos números—terminó el año con 38 jonrones, 109 carreras impulsadas, y un promedio de bateo de .324.

Tras una temporada, Vladimir era considerado por muchos como el jugador más completo del béisbol. Podía pegarle a cualquier lanzamiento y sacarlo del parque, y al mismo tiempo era lo suficientemente rápido para ajustarse a nuevos patrones de lanzamiento como para mantener su promedio por encima de .300. Podía alcanzar cualquier bola con sus zancadas largas y galopantes, y su brazo era tan fuerte que podía sacar corredores en tercera desde el jardín derecho. ¡Un entrenador de los Rockies de Colorado dijo que Vladimir tiraba la bola más fuerte de lo que algunos de sus jugadores podían batearla!

Quienes predecían grandes cosas para Vladimir están complacidos de haber visto su progreso a través de los años. Se ha hecho más grande y rápido, y al mismo tiempo ha aprendido que dar el 100% todo el tiempo no significa que haya que jugar tan intensamente como para lesionarse. De hecho ha encontrado ese delicado equilibrio entre jugar con fuerza y con inteligencia, y tiene sus mejores años por delante.

Lo que resulta una mala noticia para los lanzadores quienes acabaron con las formas de lanzarle a Vladimir hace años. Lo puedes engañar con una curva, pero no lo trates dos veces. Puedes lanzarle adentro, pero no esperes que se quite del plato. Y si quieres darle la base por bolas, hazlo intencionalmente. Muchos han tratado de lanzar alrededor de Vladimir solo para ver que ha mandado la bola a las galerías.

¿SABÍA USTED?

Cuando Vladimir fue llamado por los Expos en el otoño de 1996, su compañero de equipo Pedro Martínez le permitió quedarse en su apartamento de Montreal. El hermano de Pedro, Ramón, era amigo de Wilton, y Pedro recuerda haber conocido a Vladimir años atrás, cuando ensayaba para los Dodgers.

Con temporadas seguidas de más de 40 jonrones en 1999 y 2000, Vladimir se ha establecido como un bateador supremo. Sin embargo, no importa cuántas temporadas grandiosas tenga, o cuántas veces llegue al equipo de las estrellas, sus amigos, su familia y sus seguidores saben que nunca cambiará. La sed de competencia de "Vlady" y su amor sin límites por el béisbol lo han convertido en una de las estrellas más sencillas del deporte.

RACHA DE 31 JUEGOS CON HITS — 1999

That is why Alou had to laugh when Vladimir showed up in his office with his suitcase during spring training in 1997. The clerk at the team's hotel in Florida had asked Vladimir a question about his bill, and the rookie—who spoke almost no English—thought he had been sent to the minors! He was so relieved when Alou told him he was still on the team that in his next game he hit an inside-the-park home run and threw a runner out at the plate.

Vladimir showed exciting flashes of his brilliance during the 1997 season, but injuries limited him to just 90 games. To many, he seemed to combine the skills of three Hall of Famers. Vladimir played with the joy of Willie Mays, the flair of Roberto Clemente, and the aggressiveness and confidence of Frank Robinson. In 1998, fans stopped making comparisons and just enjoyed the show. During the first half of the year, he batted .300 and was on a pace to hit 30 homers and drive in 90 runs. In the second half, Vladimir dwarfed those numbers—finishing the year with 38 home runs, 109 RBIs, and a .324 batting average.

After just one full season, Vladimir was being called by many the best all-around player in baseball. He could hit any pitch in any location out of the ballpark, yet adjusted quickly enough to new pitching patterns so that his average stayed well above .300. He could catch up to any ball with his long, loping strides, and his arm was strong enough to throw out runners at third base from the rightfield corner. A coach on the Colorado Rockies said that Vladimir threw the ball harder than some of his own players could hit it!

Those who predicted great things for Vladimir have been pleased to watch his progress over the years. He has grown bigger and become faster, yet at the same time has learned that giving 100 percent all the time does not mean playing so hard that you hurt yourself. Indeed, he has already found that elusive balance between playing hard and playing smart, and his prime years are just beginning.

That is bad news for the pitchers. They ran out of ways to pitch Vladimir years ago. You can fool him once with a breaking ball, but do not try it twice. You can pitch him inside, but do not expect to move him off the plate. And if you want to walk him, do it intentionally. Many have tried to "pitch around" Vladimir only to see him golf a ball into the stands.

With back-to-back seasons of 40-plus homers in 1999 and 2000, Vladimir established himself as a supreme power hitter. Yet no matter how many monster seasons he produces, or how many All-Star teams he makes, his friends, his family, and his fans know he will never really change. "Vlady's" thirst for competition and his unbridled love of baseball make him one of the most down-to-earth superstars in sports.

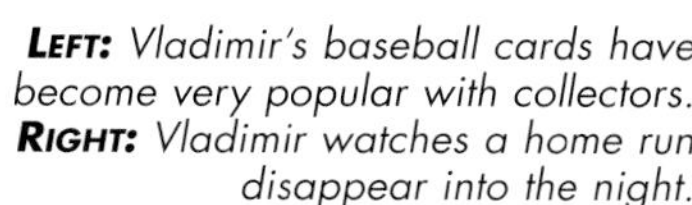

__Left:__ Vladimir's baseball cards have become very popular with collectors.
__Right:__ Vladimir watches a home run disappear into the night.

"Elevados gordos…¡es una máquina de hacer triples!"

— DENNY HOCKING, COMPAÑERO DE EQUIPO

El triple es la jugada más emocionante del béisbol. Un bateador debe correr a toda velocidad desde el momento en que le pega a la pelota y pasar por las bases de manera justa para alcanzar a llegar a tercera. Un lanzamiento desde el jardín debe ser perfecto para alcanzarlo. Ningún otro hit implica tantas decisiones rápidas; nada pone a los seguidores al borde de sus asientos como un triple humeante. Aunque algunos dicen que pegar triples es un arte perdido Cristian Guzmán, el paracortos ambidiestro, "piensa en triples" cada vez que coloca una bola en el jardín. Y esto ha convertido al dominicano en un jugador verdaderamente impactante.

ARRIBA: Esta tarjeta muestra a Cristian en una situación familiar: a salvo en tercera.
DERECHA: Cristian "piensa en triples" desde que deja la caja de bateo.

Hace unos años, nadie pensaba que Cristian fuera a ser muy exitoso. Los Yankees de Nueva York, que necesitaban un segunda base, intercambiaron el prospecto de lanzador Eric Milton a los Twins de Minnesota por Chuck Knoblauch. Cuando los Twins les pidieron alguien más, los Yankees incluyeron a un Cristian de 19 años, que acababa de batear .273 para el equipo clase A de Greensboro en su primera temporada profesional.

A esa altura, Cristian había jugado béisbol menos de cinco años. De chico, mientras crecía en Bani, pensaba que el juego era aburrido, y pasaba su tiempo libre ayudándo a su padre a recoger papayas en la granja. Pero cuando un amigo de la familia firmó con los Padres por una buena cifra en 1993, Cristian se interesó de repente, cogió un bate y un guante y descubrió que tenía un talento natural. Los Yankees firmaron a Cristian pocos meses después de cumplir 16 años.

En la primavera de 1999, Cristian se ganó el puesto titular de shortstop con los Twins y lo mantuvo durante todo el año. Aunque había bateado apenas .226 mostraba madurez, inteligencia y capacidad de liderazgo, características que hicieron creer al manager Tom Kelly que podría llegar a ser una estrella. En el 2000, recompensó la fe de Kelly subiendo su promedio a .247 y encabezando las ligas mayores con 20 triples. El último shortstop en conseguir tantos triples fue Rabbit Maranville—¡en 1924!

¿SABÍA USTED?

La última persona en conseguir marcas de triples en temporadas consecutivas fue Earle Combs, miembro del Salón de la Fama. Consiguió 23 en 1927 y 21 en 1928.

Cristian continuó mejorando en el 2001, conectando hits de tres bases como pan caliente y llegando al equipo de las estrellas antes de que una lesión finalmente lo obligara a disminuir el ritmo. Aunque todavía está aprendiendo el juego, ya ha entendido que el éxito en las mayores solo puede mantenerse con trabajo duro. Por eso se mantiene en excelente forma y busca los consejos de las más importantes estrellas de la liga, del pasado y el presente. "Tiene todo lo necesario para ser un gran, gran shortstop", dice Álex Rodríguez. "Hay muchas cosas que lo favorecen".

20 TRIPLES — 2000

"Guzzy flat-out flies...he's a triples machine!"

— TEAMMATE DENNY HOCKING

The triple is the most breathtaking play in baseball. A batter must be running full-speed from the moment he hits the ball, and cut the bases just right to make it all the way to third. An outfield relay must be perfect to get him. No other hit involves so many quick decisions; nothing gets fans on the edge of their seats like a sizzling three-bagger. Some say hitting triples is a lost art. Not Cristian Guzman. The switch-hitting shortstop "thinks triple" every time he lines a ball into the outfield. It has made the Dominican native a true impact player.

A few years ago, no one believed Cristian would amount to much. The New York Yankees, in need of a second baseman, traded pitching prospect Eric Milton to the Minnesota Twins for Chuck Knoblauch. When the Twins asked for a "throw-in," the Yankees included 19-year-old Cristian, who had just hit .273 for Class-A Greensboro in his first full season as a pro.

DID YOU KNOW?

The last man to record back-to-back seasons of 20 triples was Hall of Famer Earle Combs. He hit 23 in 1927 and 21 in 1928.

Cristian had been playing baseball for less than five years at that point. As a kid growing up in Bani, he thought the game looked boring, and spent his free time helping his father pick papayas on their farm. But when a family friend signed with the Padres for a big bonus in 1993, Cristian suddenly got interested. He picked up a bat and a glove and discovered he was a natural. The Yankees signed Cristian a few months after his 16th birthday.

In the spring of 1999, Cristian won the starting shortstop job with the Twins and held it all year. Although he batted just .226 he showed the kind of maturity, intelligence, and leadership that made manager Tom Kelly believe he could be a star. In 2000, he rewarded Kelly's faith by raising his average to .247 and leading the major leagues with 20 triples. The last shortstop to hit that many triples was Rabbit Maranville—in 1924!

Cristian picked up right where he left off in 2001, banging out three-base hits like they were going out of style and making the All-Star team before an injury finally slowed him down. Although he is still learning the game, he already understands that success in the majors can only be maintained through hard work. That is why he stays in great condition, and why he seeks out advice from the league's top stars, past and present. "He has all the tools to be a great, great shortstop," says Alex Rodriguez. "He has a lot of things going for him."

LEFT: *This card shows Cristian in a familiar situation: safe at third base.*
RIGHT: *Cristian "thinks triple" from the moment he leaves the batter's box.*

20 TRIPLES — 2000

"Es un jugador modelo. Es difícil ponerlo en la banca porque es la sensatez encarnada. Es agresivo pero inteligente". — DIRECTIVO LARRY DIERKER

Cuando los aficionados ven a Richard Hidalgo por primera vez, asumen inmediatamente que siempre ha sido un jonronero. Tiene una constitución poderosa, con piernas fuertes, brazos y hombros musculosos, y una cintura estrecha que le permite girar el tronco cuando batea. Sin embargo, como muchos prospectos de su Venezuela natal, Richard era delgado como una vara cuando firmó con los Astros de Houston a los 16 años en 1991.

Richard creció en un área pobre en las afueras de Caracas. Su familia era tan pobre que a menudo no podían cubrir sus necesidades básicas. "De niño hubo ocasiones en las que pasamos mucha hambre y es algo que no quiero olvidar", dice.

Los Astros de Houston vieron material de estrella en el delgado adolescente y le ofrecieron un contrato el día en que cumplió 16 años para enviarlo a su academia de béisbol. En 1992, Richard comenzó a subir en el escalafón de las ligas menores de Houston. Bateaba bien y se desempeñaba brillantemente en el jardín.

En 1995, los Astros le pidieron a Richard que tomara el siguiente paso en su desarrollo. Como un pulido bateador del jardín opuesto, había llegado a ser lo suficientemente fuerte para conectar lanzamientos y sacarlos del estadio. Pero es más fácil decirlo que hacerlo: muchos jugadores jóvenes tienen dificultades para ajustarse pues el paso requiere de paciencia y concentración. Tres años después, su transformación había culminado.

ARRIBA: Richard envía un lanzamiento a las bancas del jardín izquierdo. **DERECHA:** Richard comienza su trote de jonrón.

Un caso de dengue y un hombro dislocado mantuvieron a Richard fuera de la formación titular hasta 1999. Para entonces estaba tan ansioso por demostrar su valor que trató de sacar por el jardín izquierdo cualquier lanzamiento que pasara cerca al plato. Su promedio cayó a cerca de .220 y de repente un manto de sospecha cubría al mejor prospecto de Houston.

Richard reflexionó durante el invierno y se dio cuenta de que era lo suficientemente fuerte para sacar cualquier lanzamiento del estadio—especialmente en Enron Field, el cómodo y nuevo estadio de los Astros. En el 2000, se concentró en atacar la pelota, pensando que si siempre conectaba con fuerza los jonrones llegarían. Para finales del año Richard tenía 42 cuadrangulares—más de los que nadie esperaba de él. También consiguió 42 dobles, remolcó 122 carreras, y subió su promedio a .314. Su mejor desempeño era hacia el final de los partidos, con 27 extra-base hits y ¡un porcentaje de bateo cercano a 1.000 durante su último mes!

¿SABÍA USTED?

En el 2000 Richard pegó mejor afuera de Enron Field. De sus 44 jonrones, sólo 16 ocurrieron en su estadio.

Ahora que Richard entra a los mejores años de su carrera, está destinado a encabezar la próxima generación de superestrellas venezolanas. Es un jardinero excelente, un bateador completo y cada temporada ha mejorado corriendo entre las bases. Si la salud no lo abandona, pronto podría amenazar las marcas de bateo de su compatriota Andrés Galarraga.

40 JONRONES/40 DOBLES — 2000

"He's a model player. It's tough to sit him because he does everything fundamentally sound. He's aggressive but smart."

— MANAGER LARRY DIERKER

When fans see Richard Hidalgo for the first time, they naturally assume that he has always been a home run hitter. He is built for power, with strong legs, muscular arms and shoulders, and a narrow waist that enables him to whip his upper body around when he swings. Yet like most prospects from his native Venezuela, Richard was stick-thin when he signed with the Houston Astros at the age of 16 in 1991.

Richard grew up in an impoverished area outside of Caracas. His family was so poor that often they did not have the basic necessities. "There were times when I was growing up that we were very hungry, and I don't want to forget that," he says.

The Houston Astros saw the makings of a star in the skinny teenager. They offered him a contract the day he turned 16 and sent him to their baseball academy. In 1992, Richard began working his way up Houston's minor-league ladder. He hit well and fielded brilliantly at every stop.

> **DID YOU KNOW?**
>
> Richard actually hit for more power away from Enron Field in 2000. Of his 44 home runs, only 16 came in his home ballpark.

In 1995, the Astros asked Richard to take the next step in his development. A polished opposite-field hitter, he was now strong enough to turn on pitches and drive them out of the ballpark. This is not as easy as it sounds. Many young players have trouble making this adjustment. It requires patience and concentration. Three years later, his transformation was complete.

A case of dengue fever and a separated shoulder kept Richard out of the everyday lineup until 1999. By then he was so anxious to prove his worth that he tried to pull anything close to home plate over the left-field fence. His average plummeted into the .220s, and suddenly Houston's hottest prospect was a "suspect."

Richard did a lot of thinking over the winter and realized that he was now strong enough to hit any pitch out of the park—especially in Enron Field, the Astros' cozy new ballpark. In 2000, he concentrated on attacking the ball. If he hit everything hard the home runs would come, he reasoned. By the end of the year Richard had 42 homers—more than anyone ever expected him to hit. He also banged out 42 doubles, knocked in 122 runs, and raised his average to .314. He was at his best down the stretch, with 27 extra-base hits and a slugging percentage close to 1.000 in the final month.

As Richard enters the prime years of his career, he is poised to lead the next generation of Venezuelan superstars. He is an excellent outfielder, a complete hitter, and his baserunning has improved each season. If he remains healthy, he could soon challenge the power-hitting marks of countryman Andres Galarraga.

LEFT: *Richard lines a pitch into the leftfield bleachers.*
RIGHT: *Richard goes into his home-run trot.*

40 HOMERS/40 DOUBLES — 2000

"Tiene un swing poderoso y va a convertirse en un tipo con muchas carreras impulsadas".

— ENTRENADOR VON JOSHUA

Un buen bate puede abrir las puertas a las grandes ligas, pero no garantiza una estadía prolongada. Por eso para un cazatalento es más impresionante un gran juego defensivo que un jonrón. De hecho, la historia está llena de bateadores jóvenes y fuertes que conectaron jonrones durante uno o dos años para desaparecer sin rastro. Antes de entender por completo esta enseñanza, Carlos Lee parecía destinado a unirse a esta larga lista.

ARRIBA: Carlos enseña la pegada clásica del jonronero.
DERECHA: Carlos era conocido para la fanaticada del béisbol antes de llegar a las mayores.

De niño creciendo en Panama, a Carlos le dijeron que la mejor manera de impresionar a los enviados de las grandes ligas era logrando jonrones. En el pueblo de Aguadulce habían muchos jugadores que sabían defender, pero muy pocos que manejaran el bate como Carlos. Además de tener excelente potencia, casi nunca le tiraba a lanzamientos malos, una disciplina emocionante de ver en un jugador joven. Los White Sox de Chicago decidieron firmar un contrato con él en febrero de 1994.

Durante los años posteriores, el bateo de Carlos mejoró dramáticamente, pero tuvo problemas con los requerimientos para jugar en el diamante interior. En 1997 tenía 71 extra-base hits y bateó .317; en 1998 conectó 21 jonrones e impulsó 106 carreras en 138 juegos. Pero los 101 errores que cometió entre 1996 y 1998 convencieron a los White Sox que iba a dejar pasar más carreras en tercera base que las que podría conseguir en sus turnos al bate. El equipo le pidió que fuera a la liga de otoño de Arizona para ensayar una nueva posición: jardinero.

Al principio Carlos se resintió. Nadie le había dicho que era malo para algo. Pronto se dio cuenta que no era un insulto sino una oportunidad y tras unas semanas encontró el gusto de jugar en el jardín izquierdo, mejorando rápidamente. Un mes después de comenzada la temporada de 1999, Carlos fue llamado a Chicago. Consiguió un jonrón en su primer turno al bate y terminó el año como el jardinero izquierdo titular, con más de 15 jonrones y un promedio de .293. ¡Y solo cometió cinco errores en su nueva posición!

En el 2000, Carlos participó en 152 juegos y cometió solo tres errores. También conectó 24 jonrones, remolcó 107 carreras y bateó .301. Sus aportes ofensivos y defensivos fueron determinantes para que Chicago luchara por la corona de la división central de la Liga Americana. Aunque todavía es joven, Carlos es considerado un pegador maduro. Batea con un plan y cambia su aproximación dependiendo del lanzador y de cómo esté la cuenta. Frank Thomas, compañero de equipo y futuro miembro del Salón de la Fama, dice que al ver a Carlos se acuerda de sí mismo a esa edad.

"La manera como enfrenta los lanzamientos y como envía la bola al jardín derecho", dice Thomas, "lo veo y pienso: esas eran las cosas que solía hacer".

¿SABÍA USTED?

El hermano menor de Carlos fue fichado por los White Sox y hace parte de su sistema de ligas menores.

JONRÓN EN SU PRIMER TURNO AL BATE EN LAS LIGAS MAYORES

"He's got a powerful swing and he's going to be a big RBI guy."

—COACH VON JOSHUA

A good bat can get you to the major leagues, but it is difficult to stay there without a good glove. That is why scouts are more impressed by a great defensive play than a long home run. Indeed, history is full of strong, young hitters who slugged home runs for a year or two then quietly faded away. Before he took this lesson to heart, Carlos Lee seemed destined to join this long list.

As a kid growing up in Panama, Carlos was told that the best way to impress scouts was to hit home runs. There were a lot of good players in the town of Aguadulce who could field, but very few who handled a bat like Carlos. He not only had excellent power, but he rarely swung at bad pitches. This discipline was very exciting to see in a young player. The Chicago White Sox decided to sign him in February 1994.

DID YOU KNOW?

Carlos's younger brother was signed by the White Sox and is now in their minor-league system.

Over the next few years, Carlos's hitting improved dramatically, but he struggled with the footwork required to play the infield. In 1997 he had 71 extra-base hits and batted .317; in 1998 he launched 21 homers and had 106 RBIs in 138 games. But the 101 errors he committed from 1996 to 1998 convinced the White Sox he would let in more runs at third base than he could ever knock in at the plate as a major leaguer. The team asked him to go to the Arizona Fall League and work on a new position: outfield.

At first Carlos's ego was bruised. No one had ever told him he was bad at something. Soon he realized this was not an insult but an opportunity. After a few weeks he found leftfield to his liking and began to get better rapidly. A month into the 1999 season, Carlos was called up to Chicago. He hit a home run in his first at bat and finished the year as the everyday leftfielder, with 15 more home runs and a .293 average. And he made only five errors at his new position!

In 2000, Carlos played in 152 games and made just three errors. He also hit 24 homers, scored 107 runs, and batted .301. His contributions on offense and defense were a major factor in Chicago's remarkable run to the American League's Central Division crown. Though still young, Carlos is considered a very mature hitter. He goes to bat with a plan, and changes his approach depending on the pitcher and the count. Teammate Frank Thomas, a future Hall of Famer, says Carlos reminds him of himself at that age.

"The way he goes through pitches and how he hits the ball to rightfield," says Thomas, "I watch him hit and think: Those are the things I used to do."

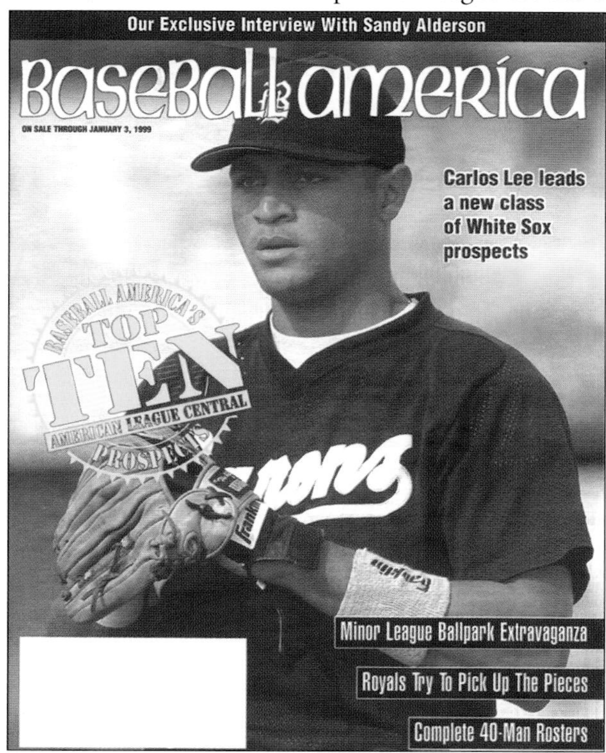

LEFT: *Carlos displays the classic power hitter's stroke.*
RIGHT: *Carlos was well known to baseball fans before he reached the majors.*

HOME RUN IN FIRST MAJOR-LEAGUE AT BAT

> "Cuando llego al plato, quiero sentirme cómodo y confiado. Quiero estar seguro de que he hecho todo lo posible para prepararme mental y físicamente para el lanzamiento. Así, si las cosas no resultan bien, no será por no haber pensado o trabajado lo suficiente".
>
> — Édgar Martínez

A pesar de lo que la gente haya oído, Édgar Martínez no es uno de los más grandes pegadores naturales que el juego haya visto. Él mismo lo admite. Nadie trabaja más duro o practica más su arte que Édgar, quien hace hasta lo increíble para tener ventaja sobre los lanzadores. "Pegarle a la bola no es fácil", dice, "así que uno hace todo lo que puede para mantenerse en forma".

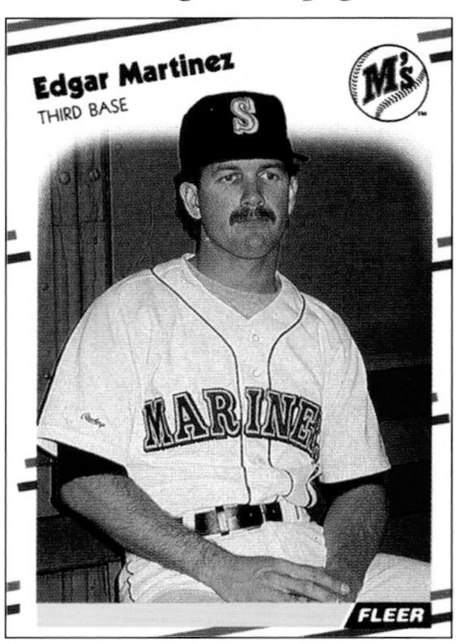

Arriba: La tarjeta de novato de Édgar lo muestra en el banco. Cuando tuvo la oportunidad de jugar se convirtió en estrella.
Derecha: Los movimientos suaves de Édgar tras conectar con la pelota son el resultado de muchas horas en la jaula de bateo.

Nacido en Nueva York en 1963, fue a vivir con sus abuelos a Puerto Rico cuando todavía era un niño, tras el divorcio de sus padres. Cuando descubrió el béisbol, no pensó en otra cosa. Se despertaba al amanecer para afilar su ojo de bateo, pegándole a rocas pequeñas y tapas de botella con un palo de escoba. Continuó mejorando en la secundaria, pero se desilusionó cuando ningún equipo de las grandes ligas ofreció contratarlo.

Mientras estudiaba en el American College en Puerto Rico, perfeccionó su inglés y floreció como jugador de béisbol. Los Mariners de Seattle lo vieron y lo firmaron. Édgar les pagó con promedios de .300 o más en seis temporadas en las menores. ¿Cómo le pagaron los Mariners? Manteniéndolo atrás, año tras año, mientras una serie de bateadores potentes pero indisciplinados tenían los puestos de bateador designado, tercera base y primera —las tres posiciones para las que estaba preparado. Sólo en 1990 Seattle se dio cuenta del gran jugador que era.

Para entonces Édgar tenía 27 años—muy tarde para que un jugador empezara su carrera en las ligas mayores. Recuperó el tiempo perdido y bateó .302 y .307 en sus primeras temporadas y en 1992 ganó el título de bateo de la Liga Americana con un promedio de .343. Ganó la corona nuevamente en 1995 con un promedio de .356, el mismo año los Mariners llegaron a las eliminatorias por primera vez en su historia.

El desempeño de Édgar en las Series de División contra los Yankees ese otoño le permitió salir de la sombra de su compañero superestrella, Ken Griffey Jr., para convertirse en figura nacional. En cinco emocionantes juegos, Édgar empujó 10 carreras y bateó .571. Su doble decisivo en el quinto juego, le permitió a Griffey marcar la carrera que puso a Seattle en la serie de campeonato de la Liga Americana.

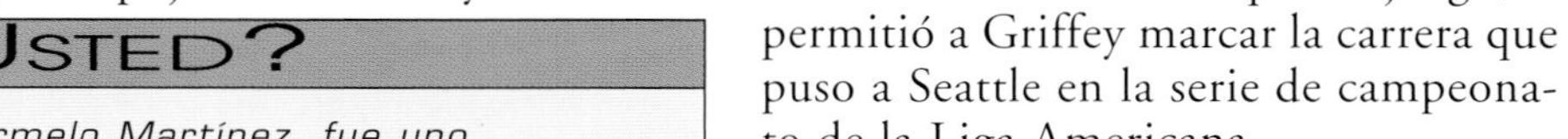

¿Sabía Usted?

El primo de Édgar, Carmelo Martínez, fue uno de los bateadores más temidos del béisbol en 1980. Ayudó a que los Padres de San Diego alcanzaran la Serie Mundial de 1984.

Desde entonces Édgar ha sido uno de los bateadores más consistentes y brillantes del béisbol. Si se retirara hoy, el promedio de su carrera estaría entre los mejores 50 de la historia. Pero retirarse posiblmente sea la última cosa en su mente. A pesar de haber empezado tarde, Édgar está terminando con fuerza. A los 37 años, cuando otros jugadores están pensando en colgar sus tenis, todo lo que hizo Édgar fue ¡puntear la liga con 145 carreras impulsadas!

Campeón de Bateo — 1992 & 1995

"When I step to the plate, I want to feel comfortable and confident. I want to know that I have done everything I can to prepare myself mentally and physically for the pitch. That way, if things don't go well, it won't be for lack of work or thought."

— EDGAR MARTINEZ

Despite what you may have heard, Edgar Martinez is not one of the greatest natural hitters the game has ever known. He himself admits it. No one works harder or practices more at his craft than Edgar, who goes to incredible lengths to stay ahead of the pitchers. "Hitting a baseball isn't easy," he says, "so you do everything you can to stay sharp."

Born in New York City in 1963, he went to live with his grandparents in Puerto Rico as a young boy after his parents were divorced. Once he discovered baseball, it was all he thought about. He would wake up at sunrise and sharpen his batting eye by hitting pebbles and bottle caps with a broom handle. Edgar continued to improve right through high school, but was disappointed when no major-league teams offered him a contract.

DID YOU KNOW?

Edgar's cousin, Carmelo Martinez, was one of the most feared sluggers in baseball during the 1980s. He helped the San Diego Padres reach the 1984 World Series.

While attending American College in Puerto Rico, he polished his English and blossomed as a ballplayer. The Seattle Mariners saw him and signed him. Edgar rewarded the team by hitting .300 or better six times in the minors. How did the Mariners repay him? By holding him back, year after year, while a series of undisciplined power hitters manned third base, first base, and designated hitter—the three roles for which Edgar was best suited. Not until 1990 did Seattle finally recognize what a terrific player he was.

By then, Edgar was 27—very late for a major leaguer to begin his career. He made up for lost time by batting .302 and .307 in his first full seasons. Then in 1992, his average soared to .343, and he won the American League batting title. He won the batting crown again in 1995 with a .356 average, and the Mariners qualified for the playoffs for the first time in franchise history.

Edgar's performance in the Divisional Series against the Yankees that fall enabled him to step out from the shadow of his superstar teammate, Ken Griffey Jr., and into the national spotlight. In five breathtaking games, Edgar drove in 10 runs and hit .571. His clutch double in Game Five scored Griffey with the run that put Seattle in the A.L. Championship Series.

Since then Edgar has been one of the most consistently brilliant hitters in baseball. If he were to retire today, his lifetime average would be among the 50 best in baseball history. But retirement is probably the last thing on his mind. Despite starting late, Edgar is finishing strong. At the age of 37, when other players are thinking about hanging up their spikes, all Edgar did was lead the league with 145 RBIs!

LEFT: *Edgar's rookie card shows him on the bench. Once he got a chance to play, he became a star.*
RIGHT: *Edgar's smooth follow-through is a result of many hours in the batting cage.*

BATTING CHAMPION — 1992 & 1995

"Juego para ganar. Siempre lo he hecho, siempre lo haré".

— TINO MARTÍNEZ

Con la mayoría de beisbolistas, lo que ves es lo que obtienes. Pero Tino Martínez sorprende a sus seguidores constantemente. Por ejemplo, quienes tratan de hablarle en español se sorprenden cuando responde en un inglés sin tacha. Aunque las raíces de los Martínez están en Cuba, la familia ha estado en los Estados Unidos durante varias generaciones—de hecho su padre fue una estrella del fútbol estatal. Quienes piensan que es una persona tranquila y de temperamento constante no se dan cuenta que es uno de los competidores más intensos y concentrados que han participado en el juego. A quien piense que solo es otro atleta tonto puede interesarle saber que Tino fue un académico All-American en la universidad. Y quienes dicen que su swing es uno de los más consistentes en béisbol se sorprenden al saber que es uno de los bateadores más caprichosos de la historia.

Tino Martinez

ARRIBA: *Aunque la tarjeta de Tino en 1990 lo muestra con uniforme de Seattle, jugó la mayor parte de la temporada con el equipo triple A de Calgary.*
DERECHA: *La pegada de Tino era perfecta para el Yankee Stadium.*

Tino y su hermano mayor, René, eran excelentes jugadores. A los 15 años, era lo suficientemente bueno como para ser titular en el equipo de campeonato de la secundaria católica de Tampa. Tras transferirse a Tampa High, Tino encabezó el equipo a las finales del estado. Fue seleccionado por los Red Sox en la tercera ronda del sorteo de talento de 1985, pero prefirió aceptar una beca universitaria. En los próximos tres años, Tino ganó honores All-American de la Division II para la Universidad de Tampa cada temporada. Terminó la universidad con un promedio de .398, 54 jonrones y 222 carreras impulsadas.

Fue reclutado tras su segundo año en la universidad en la primera ronda del sorteo de talentos por los Mariners de Seattle pero antes de firmar con ellos, hizo parte del equipo nacional de los Estados Unidos que ganó una sorpresiva medalla de oro en las olimpiadas de 1988. En 1990, fue elegido jugador del año de las Ligas Menores por *USA Today* y en septiembre del mismo año fue llamado a las ligas mayores. Seattle le dio la posición titular en 1992 y tres años después ya había sido invitado al partido de las estrellas.

Tras la temporada de 1995, los Yankees de Nueva York buscaban remplazo para Don Mattingly, una leyenda local, y dieron tres jóvenes prospectos a cambio de Tino. Respondió a las expectativas con 25 jonrones y 117 carreras impulsadas, y encabezó la Liga Americana en defensa. En 1997 tuvo su mejor año, con 141 impulsadas. Sin embargo, sólo hasta 1998 se sintió verdaderamente parte de la tradición Yankee. En el primer juego de las Series Mundiales, su jonrón con las bases llenas le dio a Nueva York una victoria inesperada que comenzó una barrida de cuatro juegos a los Padres de San Diego.

¿SABÍA USTED?

Tino se siente en casa en Legends Field, donde los Yankees realizan el entrenamiento de primavera. ¡Queda a unos pocos minutos de donde creció!

Con cuatro anillos de Series Mundiales, Tino ha fijado su atención en algunos números importantes—incluyendo 1,500 hits, 300 jonrones, y 1,000 carreras impulsadas. Esos números no le darán un lugar en el Salón de la Fama, pero lo colocarán con la élite de jugadores de primera base de su generación.

GANADOR DE LA MEDALLA DE ORO EN LOS JUEGOS OLÍMPICOS — 1988

"I play to win. Always have, always will."

— TINO MARTINEZ

With most ballplayers, what you see is what you get. With Tino Martinez, fans are constantly surprised. For instance, those who try to speak to him in Spanish are shocked when he replies in flawless English. Although the Martinezes' roots stretch back to Cuba, the family has been in the United States for generations. His father, in fact, was an all-state football star. Those who think Tino is laid-back and even-tempered don't realize that he is one of the most intense, focused competitors who has ever played the sport. Anyone who thinks he is just another dumb athlete might be interested to know Tino was an academic All-American in college. And those who say his swing is one of the most consistent in baseball are surprised to hear that he is one of history's streakiest hitters.

Tino and his older brother, Rene, were both excellent players. By the time Tino was 15, he was good enough to start for Tampa Catholic High School's state championship team. After transferring to Tampa High, Tino led the team to the state finals. He was selected by the Red Sox in the third round of the 1985 draft, but decided to accept a college scholarship instead. Over the next three years, Tino won Division II All-America honors at the University of Tampa each season. He finished his college career with a .398 average, 54 home runs, and 222 RBIs.

DID YOU KNOW?

Tino feels right at home in the Yankees' Legends Field spring training complex. It's just a few minutes from where he grew up!

Tino was drafted after his junior year in the first round by the Seattle Mariners. Before signing with the Mariners, he joined Team USA and helped America win a surprise gold medal at the 1988 Olympics. In 1990, he was named Minor League Player of the Year by *USA Today*. That September, Tino was called up to the major leagues. Seattle gave him the everyday job in 1992, and within three years he was an All-Star.

After the 1995 season, the New York Yankees traded three young prospects for Tino. He was asked to replace Don Mattingly, a New York legend. He responded to this pressure with 25 homers and 117 RBIs, and led the American League in fielding. In 1997, he had his best year, with 141 RBIs. Still, it was not until 1998 that Tino truly felt like part of the Yankee tradition. In Game One of the World Series, his dramatic grand slam gave New York a comeback victory and ignited a four-game sweep of the San Diego Padres.

With four World Series rings, Tino has now set his sights on some important numbers—including 1,500 hits, 300 homers, and 1,000 RBIs. Those numbers won't get him to the Hall of Fame, but will put him among the elite first basemen of his generation.

LEFT: *Although Tino's 1990 card shows him in a Seattle uniform, he played most of the season at Class-AAA Calgary.*
RIGHT: *Tino's power stroke was perfect for Yankee Stadium.*

OLYMPIC GOLD MEDALIST — 1988

"La bola salta de su bate—¡explota!"

— RON JACKSON, INSTRUCTOR DE BATEO

¿Puede un jugador haber "nacido para batear"? Quienes ven a Magglio Ordóñez en el plato deben creerlo. Sus piernas masivas como árboles y sus antebrazos cortos y gruesos nacieron con potencia, además sus ojos aguzados y su mente rápida son el sueño de cualquier instructor de bateo. Sin embargo, hace no mucho los cazatalentos aconsejaban a Magglio que buscara otra ocupación.

ARRIBA: Esta tarjeta muestra a Magglio sumido en sus pensamientos. Es uno de los bateadores jóvenes más inteligentes del béisbol.
DERECHA: Es casi imposible engañar a Magglio con un lanzamiento.

El más joven de siete hijos que crecieron en el pueblo de Coro Falcon, Magglio tenía el mismo objetivo que muchos jóvenes venezolanos: jugar con los Astros de Houston. El equipo había establecido una "tubería" para talento beisbolístico en Venezuela y manejaba una academia en Valencia. Magglio recibió una invitación cuando tenía 16 años, pero tras seis meses los Astros lo envieron de vuelta a casa. Pensaban que su posición natural era receptor, pero no tenía la rapidez de pies requerida para serlo. Al oír esto, Magglio lloró.

Afortunadamente, apareció un hombre llamado Alberto Rondón. Rondón, en esa época un caza talentos para los White Sox de Chicago, había tenido el ojo puesto en Magglio durante años. Sabía que era un gran bateador y se dio cuenta que estaba jugando en la posición equivocada. Rondón colocó a Magglio en el jardín y le bateó 100 elevados. "La mayoría le pegaron en la cabeza", dice Rondón riendo. "Pero vi el potencial en su bateo".

Magglio firmó un contrato con Rondón a los 18 años y partió hacia las ligas menores.

Magglio necesitó cinco años para convertirse en un jardinero adecuado, pero durante ese tiempo se convirtió en un bateador sólido. Von Joshua, su instructor de bateo en el equipo doble A de Birmingham, hizo algunos ajustes importantes en su posición frente al plato en 1996, y en 1997 Magglio ganó la corona de bateo de la Asociación Americana. Al final de la temporada fue llamado por los White Sox, con quienes consiguió cuatro jonrones en 69 turnos al bate.

Tras ganar la posición titular de jardinero derecho en 1998, Magglio pronto se convirtió en uno de los bateadores más temidos y respetados del béisbol. Consigue impresionante potencia con su golpe corto y compacto—y a diferencia de la mayoría de bateadores jóvenes, casi nunca sale ponchado por strikes. También utiliza todas las zonas del campo, así que raramente es engañado por los lanzadores. Magglio también ha mejorado como defensa y ahora puede contribuir con lo suyo en el jardín, se ha especializado en atrapadas espectaculares, largas y en movimiento. Además tira con una exactitud inusitada.

¿SABÍA USTED?

Magglio y Frank Thomas juntos lograron 75 jonrones y 269 RBIs en el 2000, convirtiéndose en el doblete más poderoso de la historia del equipo.

Sin embrago sigue siendo su aproximación al plato lo que emociona a todo el mundo. Nadie en su equipo se ve más cómodo o confiado en la caja de bateo—y nadie en la liga se ve más natural.

"The ball jumps off his bat—it explodes!"

— HITTING COACH RON JACKSON

Can a player literally be "born to hit"? Those who watch Magglio Ordoñez at the plate have to believe so. His massive, tree-stump legs and short, thick forearms were built for power. His keen eye and quick mind are a batting coach's dream. Yet it was not so long ago that scouts were telling Magglio to look for another line of work.

The youngest of seven children growing up in the town of Coro Falcon, Magglio had the same goal as many young Venezuelan boys: to play for the Houston Astros. The team had established a "pipeline" for baseball talent in Venezuela, and ran an academy in Valencia. Magglio was invited to attend when he was 16, but after six months the Astros sent him home. They believed his natural position was catcher, however he did not have the quick footwork required to play the position. When Magglio got the news he wept.

DID YOU KNOW?

Magglio and Frank Thomas combined for 75 home runs and 269 RBIs in 2000 to become the most powerful one-two punch in team history.

Luckily, a man named Alberto Rondon came along. Rondon, a scout for the Chicago White Sox at the time, had had his eye on Magglio for years. He knew he could be a great hitter, and realized he was playing the wrong position. Rondon put Magglio in the outfield and hit him 100 fly balls. "Most of them hit him in the head," Rondon laughs. "But I saw the potential in his bat."

Rondon signed Magglio at the age of 18, and he was off to the minor leagues.

It took a good five years for Magglio to become an adequate outfielder, but during that time he developed into a solid hitter. Von Joshua, his batting coach at Class-AA Birmingham, made some important adjustments to his stance in 1996, and in 1997 Magglio won the American Association batting crown. Late in the season he was called up by the White Sox, where he clubbed four homers in 69 at bats.

After winning the starting rightfield job in 1998, Magglio quickly became one of the most feared and respected hitters in baseball. He generates awesome power with his short, compact stroke—and unlike most young sluggers he rarely strikes out. He also uses every part of the field, so he rarely is fooled by pitchers. Magglio has also improved on defense. He now can hold his own in the outfield, and specializes in spectacular long, running catches. Plus, he throws with unusual accuracy.

Still, it is Magglio's approach at the plate that has everyone so excited. No one on the team looks more comfortable or confident in the batter's box—and no one in the league looks more natural.

LEFT: *This card shows Magglio deep in thought. He is one of baseball's smartest young hitters.*
RIGHT: *It is almost impossible to fool Magglio with a pitch.*

20 HOMERS/20 STEALS — 2001

"A veces creo que ni siquiera él sabe lo grande que es".

— Directivo Davey Johnson

Uno de los temas recurrentes en el mundo del deporte es el papel que los padres juegan en el éxito de sus hijos. Esto es especialmente cierto en el béisbol latino, donde madres y padres en ocasiones hacen sacrificios inimaginables para que sus hijos puedan vivir y comer y jugar. Rafael Palmeiro es el primero en confirmar que su fuego competitivo fue encendido por su padre, José. Sin embargo, la de ellos no es la historia de padre e hijo que la mayoría de seguidores esperan.

José Palmeiro era un albañil que dejó Cuba con su familia en 1964 para establecerse en Miami. Motivó a Rafael y a sus dos hermanos no con elogios e incentivos, sino con severidad y críticas. Empujaba a sus hijos hasta el punto de quebrarlos con la idea de que si podían cumplir sus estándares de exigencia tendrían éxito asegurado como profesionales. Rafael fue el único "sobreviviente" pero, aún así, hasta el día de hoy no le guarda rencor a su padre.

Rafael desarrolló un swing suave como seda y una concentración extraordinaria. Jugando para Jackson High, fue elegido jugador más valioso del último año de secundaria pero decidió cambiar su talento de béisbol por una educación y aceptar una beca para la Universidad Estatal de Mississippi. Allí recibió honores de All-American en tres ocasiones y se convirtió en el primer jugador de la historia en ganar la triple corona de la Conferencia del Sureste. En junio de 1985, fue reclutado en la primera ronda del sorteo de talento por los Cubs de Chicago.

Arriba: La carta de novato de Rafael lo muestra con los Cubs. El equipo lo había intercambiado porque carecía de potencia.
Derecha: Rafael tuvo más de 30 jonrones en promedio por temporada durante los años 90.

Rafael atravesó las menores y llegó a los Cubs en su segunda temporada profesional. En 1988 se había establecido como titular y llegó al equipo de las estrellas de la Liga Nacional, pero tuvo que abandonar su bateo poderoso para alcanzar las mayores. Batear con promedio mayor a .300 era más importante para Rafael que conseguir jonrones. Estaba orgulloso de su promedio de .307 y sus 41 dobles, y de haber salido por strike solo en 34 ocasiones en más de 600 apariciones en el plato. Pensó que había sido un buen año pero José no estaba de acuerdo. Llamó a Rafael tras la temporada y le dijo que era una vergüenza, que había tomado la vía fácil. "Eso me hirió", recuerda Rafael. "Quedé demolido, en realidad. Pero se lo agradecí porque tenía razón".

¿Sabía Usted?

Tras convertirse en primera base, Rafael ha liderado seis veces la Liga Americana en asistencias y ganado tres Guantes de Oro.

Esa noche, Rafael decidió convertirse en un jonronero. Los Cubs no creían que lo pudiera lograr, así que se lo cambiaron a los Rangers de Texas. Fue uno de los peores tratos de la historia. Rafael pronto se convirtió en un bateador temible. En los años 90, bateó 328 jonrones y en dos ocasiones consiguió más de 140 carreras en una temporada. También llegó a ser, defensivamente, un buen primera base.

¿Cómo se siente José con la carrera actual de su hijo? ¡Todavía no le dice lo orgulloso que está!

Encabezó la Liga en Hits — 1990

"Sometimes I think even he doesn't know how great he really is."

— MANAGER DAVEY JOHNSON

One of the most common themes in sports is the role parents play in the success of their children. This is especially true in Latino baseball, where mothers and fathers sometimes make unimaginable sacrifices so that their children can live and eat and play. Rafael Palmeiro is the first to say that his competitive fires were stoked by his father, Jose. However, theirs is not the sunny father-son story most fans expect.

Jose Palmeiro was a bricklayer who fled Cuba with his family in 1964 and settled in Miami. He motivated Rafael and his two brothers not with praise and encouragement but with harshness and criticism. He pushed his sons to the breaking point, believing that if they could meet his demanding standards they would be guaranteed to succeed as pros. Rafael was the only "survivor." Yet to this day he bears his father no ill will.

Rafael developed a silky smooth swing and remarkable concentration. Playing for Jackson High, he earned MVP honors as a senior and decided to trade his baseball skills for an education, and accepted a scholarship to Mississippi State University. There he earned All-America honors three times and became the first player in history to win the Southeast Conference triple crown. In June 1985, he was drafted in the first round by the Chicago Cubs.

DID YOU KNOW?

Since becoming a first baseman, Rafael has led the American League in assists six times and won three Gold Gloves.

Rafael tore through the minors and joined the Cubs in his second pro season. By 1988, he had established himself as an everyday player and made the National League All-Star team. But to reach the majors that quickly he had abandoned his power stroke. Batting .300 was more important to Rafael than hitting home runs. He was proud of his .307 average and 41 doubles, and that he struck out only 34 times in more than 600 plate appearances. It was a good year, he thought.

Jose disagreed. He called Rafael after the season and told him he was a disgrace. He had taken the easy way out. "I was hurt by it," Rafael remembers. "I was crushed, actually. But I thank him for it. He was right."

That night, Rafael decided to turn himself into a power hitter. The Cubs did not think he could do it, so they traded him to the Texas Rangers. It was one of the worst deals in history. Rafael soon became a feared slugger. During the 1990s, he hit 328 home runs and twice knocked in more than 140 runs in a season. He also became a fine defensive first baseman.

How does Jose feel about his son's career now? He *still* won't tell Rafael how proud he is!

LEFT: Rafael's rookie card shows him with the Cubs. The team traded him because he lacked power.
RIGHT: Rafael averaged more than 30 homers a year during the 1990s.

LED LEAGUE IN HITS — 1990

"Si no consigue un hit, piensa, 'No hay problema, en mi próximo turno al bate conseguiré uno'. Es la actitud perfecta, pero sólo se puede tener cuando se es tan bueno como él". — Sandy Alomar, Jr., antiguo compañero de equipo

El objetivo del béisbol es anotar más carreras que el equipo oponente. Y cuando Manny Ramírez hace parte de tu equipo, el juego resulta mucho más fácil. Muchos jugadores se tensionan cuando tienen que impulsar carreras pero Manny ha aprendido a relajarse y a hacer lo que le nace naturalmente: atacar la pelota.

Nacido en Santo Domingo en 1972, Manny creció jugando béisbol y haciendo fuerza por las estrellas dominicanas César Cedeño y Frank Taveras. A los 12 años, jugaba contra lanzadores de secundaria en juegos callejeros, bateando pelotas por todo el campo. En 1985, la familia Ramírez se mudó a Washington Heights, un vecindario de la ciudad de Nueva York. Allí no sólo había una numerosa población dominicana, los Yankees jugaban a un par de cuadras.

Arriba: *La primera tarjeta Topps de Manny lo muestra en su último año de secundaria.*
Derecha: *La potencia de Manny mantuvo a los Red Sox en la lucha por el título de la división.*

Manny y su padre caminaban al estadio de los Yankees para comprar boletos en las tribunas traseras del jardín derecho. Manny veía a los jugadores de las mayores en sus prácticas de bateo y se maravillaba ante su fuerza. Un par de años después, la gente se estaba maravillando ante la fuerza de *Manny*, cuando llegó al equipo titular de la Escuela George Washington en su primer año de secundaria. Poco después bateaba jonrones de 400 pies; en sus tres años de secundaria recibió premios al mejor de la ciudad.

El secreto de su éxito era trabajo duro y práctica. Mucho antes que sus compañeros despertaran, Manny corría por una colina empinada por el parque Highbridge y ensayaba cientos de veces su swing, pegándole a bolas contra una vieja pared. Luego corría por la colina, tomaba su desayuno e iba a la escuela. En 1991 bateó .650 y fue elegido jugador del año de las escuelas públicas. Los Indians de Cleveland lo reclutaron esa primavera en la primera ronda del sorteo de talento. Manny estaba emocionado de haber sido elegido por un equipo de la Liga Americana. "Uno de mis sueños", recuerda, "era jugar frente a mis amigos en el estadio de los Yankees".

En su primera temporada en las ligas menores, Manny encabezó la Liga de los Apalaches en jonrones y carreras impulsadas. Dos años después bateó .340 para encabezar la división Este. En 1993, Manny fue llamado a las mayores. ¡En su segundo juego, contra los Yankees—frente a cientos de amigos y familiares—conectó dos jonrones!

¿Sabía Usted?

Muchos veteranos al ver a Manny recuerdan a Orlando Cepeda. El "Torito" tuvo 820 extra-base hits y un promedio de bateo durante su carrera de .297. Tras sus primeros nueve años, Manny ha tenido 560 extra-base hits y un promedio de bateo de .312.

Tras años de mediocridad, los Indians se estaban convirtiendo en un equipo poderoso. Contaban con Manny para proporcionar potencia en el bateo y él esperaba ser la clase de jugador que batea 30 jonrones, tiene un promedio de .300 y empuja 100 carreras. En 1995, a los 23 años, disparó 31 cuadrangulares, tuvo

"If he doesn't get a hit, he thinks, 'No problem, next at bat I'll get one.' It's the perfect attitude, but you can only have it when you're as good as he is."

— FORMER TEAMMATE SANDY ALOMAR, JR.

The object of baseball is to score more runs than your opponent. When Manny Ramirez is on your team, he makes the game a lot easier. Whereas many players "tense up" in RBI situations, Manny has learned to relax and do what comes naturally: attack the baseball.

Born in Santo Domingo in 1972, Manny grew up playing baseball and rooting for Dominican stars Cesar Cedeno and Frank Taveras. By the age of 12, he was playing against high-school pitchers in pick-up games and rocketing balls all over the field. In 1985, the Ramirez family moved to the Washington Heights section of New York City. Not only was there a large Dominican population, but the New York Yankees played just a few blocks away.

Manny and his father would walk to Yankee Stadium and buy seats in the rightfield bleachers. Manny would watch the major leaguers take batting practice and marvel at their strength. Within a couple of years, people were marveling at *Manny's* strength, as he made the George Washington High School varsity team in his freshman year. Soon he was belting 400-foot home runs; as a sophomore, junior, and senior, he earned All-City honors.

The secret of his success was hard work and practice. Long before his teammates were awake, Manny would run down a steep hill to Highbridge Park and take hundreds of swings, hitting balls against an old backstop. Then he would run up the hill, eat breakfast and head for school. In 1991 he hit .650 and was named Public Schools Player of the Year. The Cleveland Indians drafted him that spring in the first round. Manny was thrilled to be picked by an American League team. "One of my dreams," he remembers, "was to play in front of my friends in Yankee Stadium."

LEFT: *Manny's first Topps card shows him as a high-school senior.*
RIGHT: *Manny's power hitting kept the Red Sox in the 2001 pennant race.*

ARRIBA: *La única manera de ponchar a Manny es lanzarle "arriba y adentro".*
DERECHA: *Aún siendo adolescente, Manny parecía saber que le esperaban grandes cosas.*

107 impulsadas y un promedio de .308. En los votos para el jugador más valioso de ese año, Manny terminó de 12—mejor que cualquier otro pegador de Cleveland. Y, lo que es más importante, los Indians alcanzaron la Serie Mundial por primera vez en más de 40 años.

En 1997, Manny comenzó a experimentar con su bateo. Empezó a buscar lanzamientos que pasaban por el exterior del plato para enviarlos al jardín derecho, en vez de esperar pelotas que pudiera sacar del campo. El resultado fue un mejor promedio, de .328, pero una disminución en jonrones y carreras impulsadas. Aunque los Indians llegaron a la Serie Mundial de nuevo, Manny decidió que sería más útil para el equipo si volvía a enfocarse en bolas que pudiera reventar. Durante las dos siguientes temporadas conectó 89 jonrones y empujó 310 carreras. Sus 165 carreras empujadas de 1999 no sólo le sirvieron para encabezar la liga, ¡fue el total más alto de un jardinero derecho desde cuando Babe Ruth impulsó 171 carreras en 1921!

Aún lesionado, Manny continuó empujando carreras a un ritmo impresionante. En el 2000, perdió más de una cuarta parte de la temporada por una lesión en los músculos de su pierna. No obstante, en 118 juegos empujó 122 carreras. Al estar lesionado, los Indians perdieron más de la mitad de sus juegos y salieron de la competencia. Cuando Manny retornó a la titular, terminaron la temporada con una de las mejores marcas del béisbol.

El final de la temporada del 2000 fue triste para Manny. Pronto sería un agente libre y los Indians le informaron que no podrían igualar la clase de ofertas que estaba por recibir. Entiende que el béisbol es un negocio pero, como muchas estrellas jóvenes, soñaba con jugar durante toda su carrera en un equipo. En su último turno al bate con el uniforme de Cleveland, les dio a los espectadores un dramático jonrón de 450 pies para que lo recordaran.

Manny firmó con los Red Sox de Boston en el invierno. Muchos creen que lo hizo para poder disfrutar del "Monstruo Verde" del Parque Fenway—la pared del jardín izquierdo que está a poco más de 300 pies. Pero en esta etapa de su carrera, Manny puede pegarle a casi cualquier lanzamiento en cualquier posición de cualquier parte de cualquier campo de juego. Esto lo demostró al distribuir hits por todo el estadio y mantener a los Red Sox en la lucha por la división casi sin ayuda, cuando otros jugadores clave del equipo cayeron lesionados.

Ahora, en los mejores años de su carrera, el cielo es el límite para Manny. Si evita las lesiones y se mantiene en forma, el Salón de la Fama tal vez esté a unas pocas y grandiosas temporadas de distancia. Mientras tanto, tiene cosas que mejorar. En el campo, necesita mejorar en la manera como corre por las bases. Por fuera de él, deberá aprender a llevársela bien con los agresivos reporteros deportivos de Boston. Independientemente de si mejora en estas áreas o no, hay una cosa segura—Manny seguirá atacando la pelota, y los corredores seguirán pasando por el plato.

CAMPEÓN DE SLUGGING — 1999 & 2000

In his first minor-league season, Manny led the Appalachian League in home runs and RBIs. Two years later he batted .340 to lead the Eastern League. In 1993, Manny was called up to the majors. In his second game, against the Yankees—in front of hundreds of friends and family members—he drilled two home runs!

After years of mediocrity, the Indians were becoming a powerhouse team. Manny was being counted on to provide clutch power hitting. He hoped to be the kind of player who could hit 30 homers, bat .300 and knock in 100 runs. In 1995, at the age of 23, he blasted 31 round-trippers with 107 RBIs, and a .308 average. In that year's MVP balloting, Manny finished 12th—higher than any other Cleveland hitter. More important, the Indians reached the World Series for the first time in more than 40 years.

DID YOU KNOW?

Manny reminds many old-timers of Orlando Cepeda. The "Baby Bull" had 820 extra-base hits and a .297 lifetime average. After his first nine years, Manny had 560 extra-base hits and a career batting average of .312.

In 1997, Manny began experimenting with his batting stroke. He started shooting outside pitches to rightfield, instead of waiting for balls he could hit out of the park. The result was a much improved .328 average, but a drop in home runs and RBIs. Even though the Indians reached the World Series again, Manny decided the team would be better served if he went back to pulling the ball. Over the next two seasons, he hit 89 home runs and drove in 310 runs. His 165 RBIs in 1999 not only led the major leagues, but it was the highest total by a rightfielder since Babe Ruth had 171 RBIs way back in 1921!

Even when injured, Manny continued to score runners at a stunning rate. In 2000, he missed more than a quarter of the season with a bad hamstring. Yet in 118 games he collected 122 RBIs. When he was injured, the Indians lost more than half their games and fell out of contention. When Manny returned to the lineup, they finished the season with one of the best records in baseball.

The end of the 2000 season was a sad time for Manny. He would be a free agent soon, and the Indians informed his agent they would not match the kind of offers he was certain to receive. He understands that baseball is a business, but like many young stars he dreamed of playing his entire career with one team. In his final at bat in a Cleveland uniform, he gave the fans a dramatic 450-foot home run to remember him by.

Manny signed with the Boston Red Sox over the winter. Many believe he did so to take advantage of Fenway Park's "Green Monster"—the leftfield wall that is a little more than 300 feet away. But at this stage of his career, Manny can hit almost any pitch in any location out of any part of any ballpark. He proved this by spraying hits all over the park and singlehandedly keeping the Red Sox in the pennant race when injuries struck other key players.

Now in the prime years of his career, the sky is the limit for Manny. If he can avoid injuries and stay in shape, the Hall of Fame may be just a few more great seasons away. In the meantime, he has plenty to work on. On the field, he needs to improve his base running. Off the field, he will have to learn how to get along with Boston's aggressive sports reporters. Whether he makes strides in these areas or not, one thing is certain—Manny will keep attacking the ball, and runners will continue to stream across home plate.

LEFT: *The only way to get Manny out is to pitch him "up and in."*
RIGHT: *Even as a teenager, Manny seemed to know that great things lay ahead.*

SLUGGING CHAMPION — 1999 & 2000

"Cuando la presión se incrementa, vuelvo a los rudimentos, a lo fundamental". — Álex Rodríguez

En el invierno 2000-2001, la noticias se vieron inundadas por Álex Rodríguez quien figuró más que ningún otro jugador en sus titulares. La guerra de ofertas por "A-Rod" lo convirtió en una sensación internacional y, de paso, en un joven muy rico. Durante el cuarto de siglo en que el sistema de agentes libres ha estado en pie, ningún jugador tan bueno y joven como Álex había llegado al mercado.

Nacido en la ciudad de Nueva York de familia dominicana, Álex y su hermana, Susy, y hermano, Joe, crecieron en un apartamento tras la tienda de zapatos de su padre. Su madre trabajaba en una fábrica de automóviles. Tras años de trabajo arduo y largas horas, la familia Rodríguez dejó los Estados Unidos con sus ahorros para volver a Santo Domingo donde encontraron una hermosa casa cerca a la playa y compraron una farmacia. Vivían el sueño por el que luchan muchos dominicanos.

O eso parecía. El negoció no funcionó y tuvieron que vender la casa para cubrir sus deudas. Para evitar tener que mudarse a una zona pobre de la ciudad, Víctor Rodríguez llevó su familia a Miami pero poco después de haber llegado supo de un trabajo por amigos de Nueva York. Dejó la familia con la promesa de volver pero nunca lo hizo.

Takes time out for a photo shoot 7-20-96.
Alex RODRIGUEZ - SS

Arriba: *Como lo muestra esta tarjeta, Álex no tiene la contextura de un shortstop típico.*
Derecha: *Álex hace su calentamiento durante su primer día con los Rangers de Texas.*

Álex, mientras tanto, había descubierto el béisbol. Se unió al Club de Chicos y Chicas y conoció a un hombre llamado Eddy Rodríguez. Rodríguez había trabajado con muchos de los grandes jugadores, entre ellos José Canseco y Danny Tartabull, y cuando vio a Álex y sus posibilidades, lo hizo su protegido. Durante su primer año encabezó su liga en bateo. En total, el equipo de Álex ganó tres campeonatos de la ciudad y dos títulos nacionales.

En la Secundaria Westminster Christian, Álex jugó como quarterback para el equipo de fútbol americano, como guardia del equipo de basquetbol, y como paracortos del de béisbol. En su último año, era el prospecto escolar mejor calificado del país. En junio de 1993, los Mariners de Seattle escogieron a Álex como su primera elección en el sorteo de talentos.

A causa de una larga negociación por su contrato, Álex no vio su primer lanzamiento como profesional hasta 1994, cuando los Mariners lo hicieron titular con los Foxes de Appleton de la división A de la Liga del Medio-oeste. Tras 65 juegos fue promovido un nivel al equipo de Jacksonville de la Asociación del Sur. A comienzos de julio, los Mariners necesitaban un shortstop de relevo y llamaron a Álex. A sus 18 años, había llegado a las ligas mayores.

¿Sabía Usted?

Álex y Derek Jeter son los dos mejores shortstops del béisbol—¡y son muy buenos amigos!

La primera estadía de Álex duró menos de un mes, pero retornó a Seattle la siguiente temporada—¡tres veces! Finalmente se hizo titular en 1996. Cuando aprendió a relajarse, su talento comenzó a fluir. En su primer año tuvo lo que bien podría ser la mejor temporada jamás tenida por un paracortos. Encabezó la Liga Americana con 141 carreras, 54 dobles, 379 bases en total y un promedio de .358. A los 21 años, se había convertido en el campeón de bateo más jóven en los últimos 40 años. También consiguió 215

"When the pressure is greatest, I go back to basics, to the fundamentals."

— ALEX RODRIGUEZ

During the winter of 2000–2001, no baseball player was in the news more than Alex Rodriguez. The bidding war over "A-Rod" made him an international sensation, not to mention a very wealthy young man. In the quarter-century since free agency came to the game, never before had a player so good, so young hit the market with the kind of credentials Alex did.

Born in New York City to Dominican parents, Alex and his sister, Susy, and brother, Joe, grew up in an apartment behind a shoe store his father owned. Alex's mother worked in an automobile factory. After years of hard work and long hours, the Rodriguez family left the United States with their savings and returned to Santo Domingo. They found a beautiful home near the beach and bought a pharmacy. They were living the dream so many Dominicans strive for.

DID YOU KNOW?

Alex and Derek Jeter are the two best shortstops in baseball—and very good friends!

Or so it seemed. Their business failed and they were forced to sell their home to cover their debts. Rather than move into a poor section of the city, Victor Rodriguez took his family to Miami. Soon after they arrived, he heard of a good job from friends in New York. Victor left the family, promising to return. He never did.

Alex, meanwhile, had discovered baseball. He joined the Boys and Girls Club and met a man named Eddy Rodriguez. Rodriguez had worked with many top players, including Jose Canseco and Danny Tartabull. He saw potential in Alex and took him under his wing. In his first year, he led his league in hitting. In all, Alex's team won three city championships and two national titles.

At Westminster Christian High School, Alex played quarterback for the football team, point guard for the basketball team, and shortstop for the baseball team. By his senior year, he was the top-rated schoolboy prospect in the country. In June 1993, the Seattle Mariners made Alex their first pick in the draft.

***LEFT:** As this card shows, Alex is not built like a typical shortstop.*
***RIGHT:** Alex warms up during his first day with the Texas Rangers.*

Arriba: *Esta es una foto extraña—Álex no pega fly cortos a menudo.*
Derecha: *Álex llegó a los titulares al firmar el contrato más caro del béisbol en el 2001.*

hits y empujó 123 carreras. Álex fue elegido por *The Sporting News* como jugador del año de las Ligas Mayores. Durante las temporadas que siguieron, Álex siguió mejorando. Sin importar lo que los lanzadores hicieran para detenerlo, fue capaz de hacer los ajustes necesarios para mantener su éxito. En 1998 y 1999, conectó 42 jonrones —el número más alto de la historia para un shortstop de la Liga Americana. En el 2001 él mismo rompió su marca con 52.

En el 2000, después de que su compañero Ken Griffey Jr. fuera cambiado a los Reds de Cincinnati, Álex tomó su lugar para convertirse en el bateador más peligroso de la liga. El nuevo estadio del equipo, Safeco Field, disminuyó sus estadísticas ofensivas, pero aún así bateó más de 40 jonrones y empujó más de 130 carreras. Álex además tuvo su mejor año en el campo, donde disminuyó sus errores y mejoró su labor alrededor de la segunda base. Esa temporada, nadie pensó que los Mariners llegaran a las eliminatorias, pero Álex encabezó el equipo comodín para conseguir la serie de campeonato de la liga.

Tras esa temporada, Álex se hizo agente libre y tras duras negociaciones, firmó con los Rangers de Texas. Hace una generación, un jugador hispano habría recibido ofertas menores a las de un jugador blanco o negro pero el mundo y el juego han cambiado dramáticamente desde entonces. El creciente poder económico de los latinos en Estados Unidos convierte a un buen jugador joven como Álex en una tremenda herramienta de mercadeo para los Rangers, quienes tienen los derechos de sus propias transmisiones de televisión. Con millones de seguidores hispanoparlantes que encienden sus aparatos para ver a Álex, el equipo puede hacer una fortuna a partir de los anunciantes interesados en alcanzar este nuevo mercado.

Álex es más que una estrella "latina", claro. Su atractivo atraviesa todas las culturas. Una mirada rápida alrededor del estadio lo confirma. Cuando conecta un jonrón monstruoso o saca un jugador en primera con su brazo de bazooka, los seguidores que gritan por "A-Rod" representan todas las edades, géneros y colores. En ese sentido, quienes lo llaman "el futuro del béisbol" no entienden lo que sucede. Álex condensa, de tantas maneras, el sentido mismo de este deporte en la actualidad.

Campeón de Bateo — 1996

Because of a long contract negotiation, Alex did not see his first pitch as a pro until 1994. That year the Mariners started him with the Appleton Foxes of the Class-A Midwest League. After 65 games he was promoted a level to Jacksonville of the Southern Association. In early July, the Mariners found themselves in need of a backup shortstop and gave Alex the call. At 18, he was a major leaguer.

Alex's stay in the big leagues lasted less than a month, but he returned to Seattle the following season—three times! Alex finally became a starter in 1996. As he learned to relax, his talent began to flow. In his first full year he had what may well be the greatest season ever by a shortstop. He led the American League with 141 runs, 54 doubles, 379 total bases, and a .358 average. At the age of 21, he was the youngest batting champion in more than 40 years. He also collected 215 hits and knocked in 123 runs. Alex was named Major League Player of the Year by *The Sporting News*. Over the next few seasons Alex continued to improve. No matter what pitchers did to stop him, he was able to make the adjustments needed to continue his success. In 1998 and 1999, he clouted 42 homers—the most ever by an A.L. shortstop. He broke his own record in 2001 with 52.

In 2000, after teammate Ken Griffey Jr. was traded to the Cincinnati Reds, Alex picked up the slack by becoming the league's most dangerous hitter. The team's new ballpark, Safeco Field, diminished his offensive statistics, yet he still hit more than 40 homers and drove in more than 130 runs. Alex also had his finest year in the field. He cut down on his errors and improved his work around second base. That season no one thought the Mariners would make the playoffs, but Alex led the team to a Wild Card berth and carried them right to the league championship series.

After the season, Alex became a free agent. After some tough negotiating, he signed a record contract with the Texas Rangers. A generation ago, a Hispanic player might have been offered less than a white or black one. But the game and the world have changed dramatically since then. The growing economic power of Latinos in North America makes a great young player like Alex a tremendous marketing tool for the Rangers, who own the rights to their television broadcasts. With millions of Spanish-speaking fans tuning in to see Alex, the team stands to make a fortune from advertisers yearning to reach this emerging market.

Alex is more than just a "Latino" star, of course. His appeal cuts across all cultures. A quick look around the ballpark confirms this. When he hits a monstrous home run or nips a runner at first with his bazooka arm, the fans screaming for "A-Rod" represent every age, every sex, and every color. In that respect, those who call him "the future of baseball" are missing the point. Alex is, in so many ways, what baseball is all about right *now*.

LEFT: *This is a rare photo—Alex does not pop up very often.*
RIGHT: *Alex made headlines when he signed baseball's richest contract in 2001.*

BATTING CHAMPION — 1996

"Todos los días son días de fiesta para mí".

— SAMMY SOSA

***A** los seguidores del béisbol les encantan las historias de "mendigo a millonario". Por eso adoran a Sammy Sosa. Se puede decir con tranquilidad que nadie en el juego ha surgido teniendo tan poco para conseguir tanto—y se ha dado con tanta generosidad en el camino.*

John, su padre, murió en 1976 por un aneurisma cerebral y Sammy y sus cinco hermanos debieron sobrevivir sin él. Todos en la casa ayudaban a Mireya Sosa a salir adelante haciendo trabajos varios en el pueblo de San Pedro de Macoris. Sammy y su hermano menor, José, vendían fruta y brillaban zapatos. Un día vieron una mujer morder una manzana y luego botarla. Sammy le preguntó si podía cogerla para llevársela a su madre y la mujer se sintió conmovida por el gesto. Con el tiempo le tomó cariño y le pidió a su marido, Bill Chase, que le ayudara.

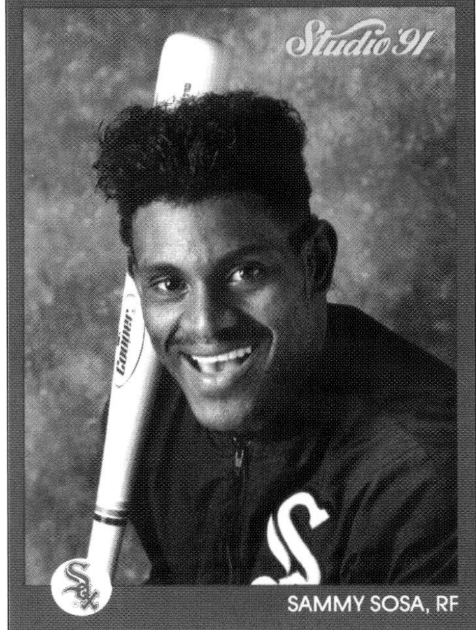

ARRIBA: La exhuberancia de Sammy se deja ver en esta tarjeta de béisbol de 1991.
DERECHA: El gigantesco tronco de Sammy hace que uno olvide lo delgado que era al comenzar su carrera.

Resultó que Chase ya lo conocía. El muchacho iba a menudo a su negocio, preguntando si había algún trabajo que pudiera hacer y los dos se hicieron amigos. Chase le compró algunos elementos de béisbol y mandaba de vez en cuando unos dólares a su familia. Otro hombre le ayudó: Héctor Peguero, el encargado de dar un entrenamiento especial de béisbol a los atletas más promisorios del pueblo. Sammy le dijo que no tenía dinero, pero Peguero quedó tan impresionado por la velocidad y fuerza que aceptó entrenarlo gratis.

Pronto Sammy atrajo la atención de cazatalentos profesionales. Cuando un representante de los Phillies de Filadelfia le preguntó la edad, Sammy mintió para poder firmar un contrato con el equipo. Los Blue Jays (también interesados en él) lo descubrieron e informaron a la oficina del comisionado. El trato se canceló. Finalmente, cuando Sammy cumplió 16 años, firmó con los Rangers de Texas. Dio la mayor parte de su bono de $3,500 a su madre y con el resto compró una bicicleta nueva.

Sammy subió rápidamente por el sistema de Texas y en 1989 jugaba para Tulsa en la categoría doble A. En junio de ese año, el jardinero de 20 años fue llamado por los Rangers. Buscaban un jugador dinámico que pudiera robar bases, hacer grandes jugadas en el campo y conseguir hits decisivos. Sammy entró inmediatamente a la titular contra los Yankees y consiguió dos hits en su primer juego. Unos días después hizo un jonrón con un lanzamiento de Roger Clemens.

¿SABÍA USTED?

Sammy consiguió su jonrón número 400 en mayo del 2001. Su meta es conectar más de 600 antes de retirarse.

Más tarde ese año, cuando los Rangers necesitaba un veterano en empujar carreras, cambiaron a Sammy a los White Sox de Chicago por Harold Baines. Fue una transacción que pronto lamentarían. La siguiente temporada, Sammy fue el jardinero derecho titular y el único jugador en la liga en conseguir números de dos cifras en dobles, triples, jonrones y bases robadas. Sammy retrocedió un paso en 1991, cuando lanzadores de la Liga Americana aprendieron a hacerlo abanicar con lanzamientos malos.

Los White Sox querían un jonronero en quien confiar. Al otro extremo de la ciudad, los Cubs de Chicago buscaban un bateador joven y barato para convertirlo en estrella. Sammy fue cambiado a los Cubs por el bateador dominicano George Bell, un héroe de adolescencia de Sammy. Sammy comenzó

"Every day is a holiday for me."

— SAMMY SOSA

Baseball fans love "rags to riches" stories. That is why they adore Sammy Sosa. It is safe to say that no one in the game has ever come from so little to achieve so much—and given so generously of himself along the way.

Sammy was one of six Dominican children struggling to survive after their father, John, died of a brain aneurysm in 1976. Sammy and the others helped Mireya Sosa make ends meet by doing odd jobs in the town of San Pedro de Macoris. He and his younger brother, Jose, sold fruit and shined shoes. One day, they saw a woman take a bite from an apple and then throw it away. Sammy asked the woman if he could have it to bring to his mother. The woman was touched by this gesture, and took a liking to him. She asked her husband, Bill Chase, to help Sammy.

It turned out Chase already knew Sammy. The boy was always hanging around his business, asking him if there were any jobs he could do. The two grew close. Chase bought Sammy some baseball equipment and sent a few dollars to the family from time to time. Another man also helped Sammy. His name was Hector Peguero, and he gave special baseball training to the town's most promising athletes. Sammy told him he had no money, but Peguero was so impressed with Sammy's speed and power that he agreed to train him for free.

DID YOU KNOW?

Sammy slammed his 400th career homer in May of 2001. His goal is to hit more than 600 before he retires.

Soon Sammy was attracting the attention of professional scouts. When a representative from the Philadelphia Phillies asked him how old he was, Sammy lied so that he could sign a contract with the team. The Blue Jays (who were also scouting him) found out and informed the commissioner's office. The deal was canceled. Finally, when Sammy turned 16, he signed with the Texas Rangers. He gave all but a few dollars of the $3,500 bonus to his mother. The rest he spent on a new bike.

Sammy moved quickly through the Texas system and by 1989 he was playing for Class-AA Tulsa. That June, the 20-year-old outfielder was called up by the Rangers. They were looking for a dynamic player who could steal bases, make great plays in the field, and get clutch hits. Sammy went right into the starting lineup against the Yankees and collected two hits in his first game. A few days later he hit a home run off Roger Clemens.

Later in the year, when the Rangers had a need for a veteran RBI man, they traded Sammy to the

LEFT: *Sammy's exuberance shines through in this 1991 baseball card.*
RIGHT: *Sammy's massive upper body makes it easy to forget how skinny he was when he began his career.*

SAMMY SOSA—RAGS TO RICHES

a trabajar con el instructor de bateo Billy Williams y estaba logrando mejoras cuando lesiones en su tobillo y muñeca arruinaron su temporada. En 1993, regresó saludable y se hizo parte del club 30–30, con 33 jonrones y 36 bases robadas.

Sammy continuó progresando como bateador. En 1996, amenazaba el récord de Roger Maris de 61 jonrones cuando una mano rota terminó su temporada a seis semanas de la clausura. Convencidos de tener un futuro miembro del Salón de la Fama entre sus manos, los Cubs firmaron un contrato enorme con Sammy. Aunque todo el mundo le dijo que ya podía relajarse y jugar simplemente—era una estrella establecida ganando millones—Sammy siguió pensando que tenía que ganarse ese dinero con cada abanicar del bate, lo que dio como resultado una pobre temporada en 1997.

Con el largo invierno para pensar sobre sus errores, a Sammy finalmente se le encendió el bombillo. Los lanzadores no lo estaban sacando —era él mismo. Desde ese momento decidió hacer de cada oportunidad al bate un gran turno y lo que siguió a continuación fue simplemente extraordinario.

ARRIBA: *Sammy observa su jonrón 62 salir del estadio en 1998. Consiguió 66 en esa temporada.*
DERECHA: *Sammy perdió por un pelo la carrera de jonrones de 1998.*

Entre 1998 y el 2001, Sammy Sosa consiguió el desempeño jonronero más impresionante de ningún jugador en la historia. En el 98, tuvo un duelo con Mark McGwire todo el año para ver quién impondría el nuevo récord de jonrones para una sola temporada. Big Mac pegó 70 mientras Sammy hizo 66 y aunque terminó de segundo frente al bateador de St. Louis, Sammy encabezó las mayores con 158 carreras impulsadas y ganó el premio al jugador más valioso de la Liga Nacional. Sammy consiguió 63 jonrones en 1999, convirtiéndose en el primer jugador en la historia en tener temporadas de 60 jonrones consecutivas. Y en el 2000, encabezó las mayores con 50 jonrones. Su total de 179 cuadrangulares en tres años permanece sin igual en la historia de las Ligas Mayores. Y en el 2001 nuevamente consiguió más de 60 cuadrangulares.

Ahora el nombre de Sammy Sosa y su rostro son conocidos através del mundo. Su relación con los seguidores de béisbol es sincera y personal. Y su compromiso con la gente de la República Dominicana es legendario. Ha donado miles de horas y millones de dólares para que la vida sea mejor en su país, desde financiando negocios hasta mejorando escuelas. Hay quienes dicen que el corazón de Sammy es demasiado grande, que corre el riesgo de distraerse de lo que le permite hacer tanto bien: pegarle a la pelota.

Sammy se ríe de esa idea. Para un muchacho que alguna vez luchó contra el hambre y la desesperanza, la idea de ser intimidado por un lanzador enemigo debe parecer ridícula.

50 O MÁS JONRONES — 1998–2001

Chicago White Sox for Harold Baines. It was a deal they would soon regret. The very next season, Sammy was the everyday rightfielder, and the only player in the league to reach double figures in doubles, triples, home runs, and stolen bases. Sammy took a step backward in 1991, when A.L. pitchers learned how to make him swing at bad pitches.

The White Sox wanted a power hitter they could count on. Across town, the Chicago Cubs were looking for an inexpensive young hitter they could mold into a star. Sammy was traded to the Cubs for Dominican slugger George Bell, a hero of Sammy's when he was a teenager. Sammy began to work with hitting coach Billy Williams, and was making progress when injuries to his ankle and wrist ruined the season. In 1993, he came back healthy and joined the 30-30 club, with 33 homers and 36 steals.

Sammy continued to make great progress as a hitter. In 1996, he was threatening Roger Maris's record of 61 home runs when a broken hand ended his season with six weeks to go. Convinced they had a Hall of Famer on their hands, the Cubs signed Sammy to a huge contract. Everyone told him he could relax now and just play—he was an established star making millions. But Sammy kept thinking he had to earn those millions with every swing. The result was a poor season in 1997.

With the long winter to think about his mistakes, the lightbulb finally went on for Sammy. The pitchers weren't getting him out—he was getting *himself* out. From that point on he vowed to make each at bat a great at bat. What followed was simply extraordinary.

Between 1998 and 2001, Sammy Sosa put on the greatest power-hitting performance of anyone who has ever played. In 1998, he and Mark McGwire dueled all year to see who would set the new single-season home-run record. Big Mac clubbed 70 while Sammy hit 66. Although he finished second to the St. Louis slugger, Sammy led the majors with 158 RBIs and won the National League MVP award. Sammy hit 63 home runs in 1999, becoming the first player ever to have consecutive 60-home-run seasons. And in 2000, he led the majors with 50 home runs. His total of 179 homers in three years is unmatched in major-league history. In 2001, he hit more than 60 again.

Sammy Sosa's name and face are now known throughout the world. His relationship with baseball fans is sincere and personal. And his commitment to the people of the Dominican Republic is legendary. He has donated thousands of hours and millions of dollars to make life better in his country, from bankrolling businesses to improving schools. Some say Sammy's heart is too big, that he is in danger of losing his focus on the thing that enables him to do so much good: hitting a baseball.

Sammy laughs at this notion. For a boy who once battled starvation and despair, the thought of being intimidated by an enemy pitcher must seem ridiculous.

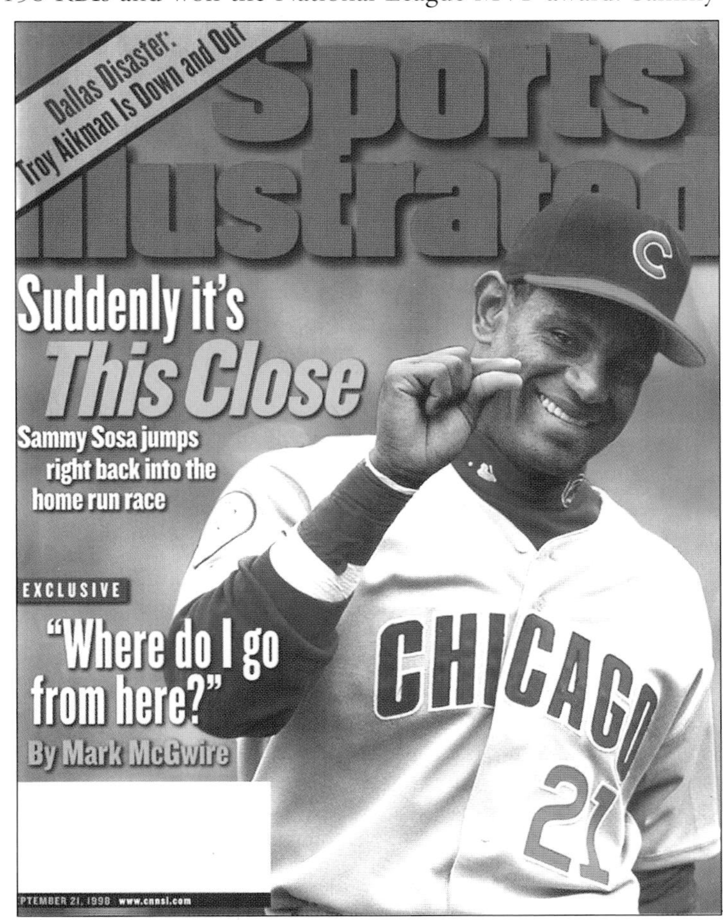

LEFT: *Sammy watches home run number 62 leave the park in 1998. He hit 66 that season.*
RIGHT: *Sammy barely missed winning the 1998 home-run race.*

"Cada chico quiere ser como su papá. También yo quería ser como mi padre. No lo conocía pero era mi ídolo". — FERNANDO TATIS

La gente bromea diciendo que Fernando Tatis tiene las orejas más grandes del béisbol, sin saber que probablemente tenga el corazón más grande. Tatis se ha ganado la reputación entre los seguidores de ser un jugador que puede batear por promedio y hacer jonrones, robar bases, y jugar en defensa con gran confianza. Sin embargo, la cualidad que más admiran los conocedores del béisbol a este bateador dominicano es su deseo de triunfar. "El chico está hambriento", dice su antiguo instructor de bateo, Mike Easler.

ARRIBA: Fernando está decidido a mantenerse con buena salud tras haber terminado su temporada del 2001 por un problema de rodilla.
DERECHA: La primera tarjeta de Fernando en la Liga Nacional muestra su bateo poderoso.

Ese apetito comenzó en los años 70, cuando Fernando era un chico creciendo en San Pedro de Macoris, un pueblo loco por el béisbol. Su padre, también llamado Fernando, fue uno de los mejores jugadores jamás producidos por el pueblo, un prospecto de ligas menores para los Astros de Houston, que nunca pudo alcanzar su sueño de llegar a las mayores. Avergonzado y deprimido, se divorció de su esposa, Yudelca, para nunca volver a la isla.

Los años pasaron y el pequeño Fernando jamás supo de su padre aunque estaba creciendo tal como él. Era un jardinero suave, un corredor rápido, y un bateador sólido desde ambos lados del plato. Tras un ensayo espléndido para los Rangers de Texas, Fernando firmó con el equipo en 1992 por un buen bono.

En ocasiones cuando un jugador joven comienza su carrera profesional, se niega a seguir las sugerencias de sus instructores, afortunadamente Fernando estaba dispuesto a escuchar, y subió a paso constante hacia las ligas mayores. Los Rangers estaban "preparando" a Fernando, sabían que iba a ser un jugador de calidad en las ligas mayores. Pero Fernando quería más, esperaba que al alcanzar las grandes ligas, su padre, perdido hace tanto tiempo, viera su nombre en los periódicos y quisiera reunirse con él.

En 1997, los Rangers llamaron a Fernando a las mayores. Un mes después, recibió una llamada de su padre. Varias semanas más tarde se encontraron cara a cara. "Un padre y un hijo reunidos otra vez", dijo. "Comenzaremos de nuevo".

¿SABÍA USTED?

Cuando Fernando tenía cinco años, su padre entró a su recámara y le dejó un bate a su lado mientras dormía. Le susurró, "Algún día serás un jugador de béisbol como tu padre". Luego se fue. Fernando, padre, no volvió a ver a su hijo por 17 años. En ese tiempo, Fernando le pedía a su madre que le contara la historia una y otra vez porque era la única conexión con su padre.

Tras un cambio en 1998 a los Cardinals de St. Louis, Fernando comenzó a llamar la atención en la Liga Nacional. Cosechó titulares en 1999 al conseguir dos cuadrangulares con las bases llenas en la misma entrada y terminó el año con 34 jonrones, 107 impulsadas, y un promedio de .298. Tras sobrevivir una temporada plagada de lesiones en el 2000, Fernando fue cambiado una vez más, esta vez a los Expos de Montreal y por segunda vez, Fernando pasó de un equipo establecido a uno en reconstrucción.

La mayoría de jugadores lamentaría las oportunidades perdidas, pero Fernando lo ve de otra forma. Prefiere pensar en las puertas maravillosas que el deporte ha abierto para él.

DOS JONRONES CON LAS BASES LLENAS EN UNA ENTRADA — 1999

"Every kid wants to be like his dad. So I just wanted to be like my father. I didn't know him, but he was my idol."

— FERNANDO TATIS

People joke that Fernando Tatis has the biggest ears in baseball. What they may not know is that he probably has the biggest heart. Tatis has earned a reputation among fans as a player who can hit for average and power, steal bases, and field his position with great confidence. However, the quality that baseball insiders admire most in this slugging Dominican is his desire to succeed. "The kid is hungry," says his former batting coach, Mike Easler.

That hunger began in the 1970s, when Fernando was a little boy growing up in baseball-mad San Pedro de Macoris. His father, also named Fernando, was one of the best players the town ever produced. A minor-league prospect with the Houston Astros, he eventually fell short of his dream of making the majors. Ashamed and depressed, he divorced his wife, Yudelca, and never returned to the island.

DID YOU KNOW?

When Fernando was five, his father came to his room and placed a bat next to him while he slept. He whispered, "Some day, you will be a baseball player just like your father." Then he left. Fernando senior did not see his son again for 17 years. During that time, Fernando asked his mother to tell him the story again and again. It was Fernando's only connection to his father.

As the years passed, little Fernando never once heard from his father. Yet he was growing up just like him. He was a smooth fielder, fast runner, and a solid hitter from both sides of the plate. After a splendid tryout for the Texas Rangers, Fernando signed with the team in 1992 for a nice bonus.

Sometimes when a young player begins his professional career, he is reluctant to follow the suggestions of his coaches. Fortunately, Fernando was willing to listen, and he rose steadily toward the major leagues. The Rangers were "grooming" Fernando. They knew he was going to be a quality major leaguer. Fernando wanted something more. He hoped that when he reached the big leagues, his long-lost father would see his name in the newspapers and want to reunite with him.

In 1997, the Rangers called Fernando up to the majors. A month later, Fernando got a call from his father. Several weeks later, they met face to face. "A father and son are together again," he said. "We're starting over."

After a 1998 trade to the St. Louis Cardinals, Fernando started turning heads in the National League. He made headlines in 1999 by hitting two grand slams in one inning and finished the year with 34 homers, 107 RBIs, and a .298 average. After limping through an injury-plagued 2000 season, Fernando was traded once again, this time to the Montreal Expos.

For the second time, Fernando was traded from a contender to a rebuilding club. Most players would sulk about lost opportunities. But Fernando sees it differently. He prefers to think of the wonderful doors the sport has opened for him.

LEFT: *Fernando is determined to stay healthy after a bad knee ended his 2001 season.*
RIGHT: *Fernando's first card as a National Leaguer shows his powerful swing.*

TWO GRAND SLAMS IN ONE INNING — 1999

"Cada vez se pone mejor y mejor allí fuera— definitivamente va a ser una verdadera superstrella".

— MICKEY MORANDINI, ANTIGUO COMPAÑERO DE EQUIPO

Dicen que lo más difícil del deporte es pegarle "como un cuadrado" a una bola redonda con un bate también redondo. Si eso es cierto, imagínese lo difícil que sería lograr esto bateando desde ambos lados del plato. Esto es lo que José Vidro ha aprendido a hacer, y lo que lo ha convertido en un All-Star. Su recorrido de Mayaguez, Puerto Rico a Montreal fue largo y no siempre fácil.

José jugaba de jardinero y lanzaba con la derecha como la mayoría de muchachos, pero se sentía más a gusto bateando del lado izquierdo. También le pegaba bien desde la derecha y a veces, para divertirse, saltaba a través del plato para tomar los lanzamientos. Los Expos de Montreal lo reclutaron en la sexta ronda del sorteo de talentos de 1992, cuando tenía 17 años.

Tras un buen desempeño su primer año, José no bateó tan bien del lado derecho al enfrentar más competencia y los Expos comenzaron a cuestionar sus capacidades como segunda base. En 1995, el equipo lo rotó por todo el estadio pero José los convenció con un buen año al bate y en el campo defensivo, agregando potencia a su juego con 18 jonrones en 1996 para el equipo doble A de Harrisburg.

ARRIBA: *Los batazos tajantes de José le permite enviar la pelota a cualquier parte del campo.* **DERECHA:** *El ambidiestro José consigue un jonrón del lado izquierdo.*

José se ganó un ascenso a las mayores en 1997 y le fue bien. Pero en 1998 bateó apenas .220 y pasó la mitad del año en las menores. Cuando terminó la temporada, los cazatalentos consideraban a José poco más que un jugador "genérico". Sin embargo, en el entrenamiento de primavera los hizo reconsiderar. Ese invierno estuvo a punto de ganar la triple corona de la Liga de Puerto Rico y cuando llegó al campo de entrenamiento, jugaba con confianza y le pegaba a la bola con autoridad. En abril, era el segunda base titular de Montreal. Todo el mundo dentro de la organización estaba sorprendido.

¿SABÍA USTED?

Los Senators de Harrisburg en 1996 tenían dos de los máximos prospectos del béisbol —José Vidro y Vladimir Guerrero. José, que habla inglés muy bien, le ayudaba a traducir a Vladimir, quien sólo tenía 20 años. La amistad de José le sirvió a Guerrero para relajarse y concentrarse en su bateo. Ese año encabezó la Liga Este con un promedio de .360.

Desde entonces no han habido sorpresas. De hecho, José ha sido un bateador consistente con un promedio de .300. Al batear desde la derecha, acortó su swing y se concentró en pegar batazos de línea. De zurdo, se ha convertido en una amenaza poderosa. Y en el campo, se ha vuelto uno de los jugadores defensivos más confiables. En el 2000, llegó al equipo de estrellas de la Liga Nacional y terminó el año con 200 hits, 51 dobles, un promedio de .330, y 442 asistencias —más que nadie en la Liga Nacional. "Es un segunda base nato", dice Felipe Alou. "Ahora basta con dejarlo solo para que se convierta en una superestrella".

200 HITS — 2000

"He's just getting better and better out there—he's definitely going to be a real superstar."

— MICKEY MORANDINI, FORMER TEAMMATE

They say that the hardest thing to do in all of sports is to hit a round ball "squarely" with a round bat. If that is true, imagine how hard it would be to accomplish this task from both sides of the plate. This is what Jose Vidro has learned to do, and it has made him an All-Star. His road from Mayaguez, Puerto Rico, to Montreal was a long one, and it was not always smooth.

Jose fielded and threw righthanded like most boys, but he felt most comfortable swinging from the left side. He was a good righthanded hitter, too, and sometimes for fun he would jump across home plate and take his cuts. The Montreal Expos drafted him in the sixth round of the 1992 draft, when Jose was 17.

DID YOU KNOW?

The 1996 Harrisburg Senators had two of the top prospects in baseball—Jose Vidro and Vladimir Guerrero. Jose, whose English was very good, helped translate for Vladimir, who was only 20. Jose's friendship helped Guerrero relax and concentrate on his hitting. That year he led the Eastern League with a .360 average.

After doing well his first year, Jose did not hit well from the right side as he faced tougher competition. Also, the Expos began to question his skills at second base. By 1995, the team was playing him all over the place. Jose changed their minds with a good year at bat and in the field. In 1996, he added power to his game with 18 home runs for Class-AA Harrisburg.

Jose earned a promotion to the majors in 1997 and did well. But in 1998 he batted just .220 and spent half the year in the minors. When the season ended, scouts considered Jose little more than a "utility" player. By spring training, however, Jose had changed their minds once again. That winter, he nearly won the Puerto Rican League triple crown. When he arrived at camp, he was playing with confidence and hitting the ball with authority. By April, he was Montreal's starting second baseman. Everyone in the organization was surprised.

Since then, there have been no surprises. Indeed, Jose has been a consistent .300 hitter. He has shortened his righthanded swing and concentrated on hitting line drives. As a lefty, he had become a big power threat. And in the field, Jose is now one of the game's most reliable defensive players. In 2000, he made the National League All-Star team. He finished the year with 200 hits, 51 doubles, a .330 average, and 442 assists—more than anyone in the N.L. "He's a natural-born second baseman," says Felipe Alou. "Now it's time to leave him alone, and he'll be a superstar."

LEFT: *Jose's slashing style helps him drive the ball to all fields.*
RIGHT: *Switch-hitting Jose smashes a homer from the left side.*

200 HITS — 2000

Estos jóvenes bateadores exhiben provocadoras muestras de brillo y son considerados como los mejores prospectos del juego. Algunos se harán estrellas, otros no. Sin embargo valdrá la pena seguirles el rastro en los próximos años.

CARLOS BELTRÁN OF

Como un ambidiestro que puede asesinar bolas rápidas desde cualquier lado, Carlos Beltrán pasó de un equipo clase A a las mayores en menos de dos meses en 1998. En 1999, se consolidó como un jardinero de cinco virtudes y ganó el premio a novato del año de la Liga Americana. Lesiones lo obligaron a bajar el ritmo en el 2000. En el 2001 retornó para jugar bien todo el año.

ERUBIEL DURAZO 1B-OF

Nacido en Hermosillo, México y criado en Tucson, Arizona, Erubiel Durazo ha producido hits donde ha vivido. Tras dos años en la Liga Mexicana, Erubiel firmó con los Diamondbacks de Arizona y fue enviado al equipo doble A de El Paso. Bateó .403 y se ganó un ascenso al equipo triple A de Tucson, ¡donde pegó .407! Su siguiente parada fueron las ligas mayores, donde bateó .329 para los D-Backs en 1999. En el 2000 debió bajar su ritmo de juego por lesiones, pero en el 2001 se había reestablecido como uno de los bateadores más promisorios del béisbol.

ERUBIEL DURAZO

ÁLEX ESCOBAR OF

La joya de la corona del sistema de ligas menores de los Mets, Álex Escobar ha mostrado talento digno de Salón de la Fama. Quién sabe lo que habría conseguido de no haberse tenido que retirar por lesión en tres de sus cinco temporadas de ligas menores. Nacido en Venezuela, Álex finalmente llegó a las mayores en el 2001, pero el jardín de Nueva York, con demasiados aspirantes, lo ha mantenido por fuera de la titular.

RUBÉN MATEO OF

La temporada del 2000 supuestamente iba a ser la "fiesta de bienvenida" de Rubén Mateo, y lo fue durante dos meses. Pero una pierna rota terminó un año prometedor para el jardinero dominicano de múltiples talentos y mató las posibilidades para que los Rangers de Texas pelearan el título de división. En el 2001, Texas necesitaba reforzar sus lanzadores y tuvieron que intercambiar a Rubén con los Reds de Cincinnati. Si Ruben evita las lesiones, los Reds creen tener un verdadero jugador de "30–30".

CARLOS PEÑA 1B

Elegido en la primera ronda del sorteo de talentos por los Rangers de Texas en 1998, Carlos Peña se convirtió rápidamente en uno de los más completos prospectos del béisbol. El fuerte y joven dominicano tiene buena disciplina en el plato y posee habilidades de Guante Dorado en primera base. En el equipo doble A de Tulsa en el 2000, Carlos anotó y empujó más de 100 carreras, y produjo 66 extra-base hits en apenas 138 juegos.

ALBERT PUJOLS 3B-OF

La sorpresa de la temporada 2001 fue Albert Pujols, un seleccionado en la ronda 13, salido de junior college quien llegó al estrellato de las ligas mayores en apenas un año. El dominicano pasó de ser el jugador más valioso de la Liga del Medio-oeste en el 2000 a ser el bateador de limpieza para los Cardinals a los 21 años. Un bateador inteligente y agresivo que destruye los errores de los lanzadores, Albert fue nombrado el mejor novato del 2001. Podría ser un All-Star durante muchos años.

ARAMIS RAMÍREZ 3B

Aunque se han vaticinado muchas grandes cosas para Aramis Ramírez desde cuando se unió a los Pirates como adolescente en 1998, el confiado dominicano demoró tres años en demostrar que podía ser un jugador titular. Un bateador paciente en los momentos decisivos durante su paso por las ligas menores, Aramis demostró esa disciplina en el 2001, cuando tuvo un año sobresaliente con los Pirates.

ARAMIS RAMÍREZ

ALFONSO SORIANO 2B

Al no recibir ofertas de equipos de las ligas mayores, Alfonso Soriano, de 16 años, aceptó jugar con el equipo Toyo Carp de la liga central japonesa. Después de una extraña odisea de cuatro años, este dominicano de bateo potente firmó con los Yankees de Nueva York para la temporada de 1999 y llegó hasta las mayores. Alfonso dividió su tiempo entre el equipo triple A de Columbus y Nueva York en el 2000, luego ganó el puesto titular de segunda base con los Yankees en el 2001. Aunque sigue siendo crudo e indisciplinado, tiene tanto talento que pocos dudan que pronto se convertirá en un All-Star.

These young hitters have shown tantalizing flashes of brilliance and are rated as the game's best prospects. Some will become stars, some will not. All, however, should be worth watching in the years to come.

CARLOS BELTRAN OF

A switch-hitter who can kill fastballs from either side, Carlos Beltran went from Class-A to the majors in less than two months in 1998. In 1999, he blossomed into a five-tool outfielder and won the American League Rookie of the Year award. Injuries slowed this Puerto Rican native in 2000. In 2001, he came back to play well all year.

CARLOS BELTRAN

ERUBIEL DURAZO 1B–OF

Born in Hermosillo, Mexico and raised in Tucson, Arizona, Erubiel Durazo has hit wherever he has lived. After playing two years in the Mexican League, Erubiel was signed by the Arizona Diamondbacks and sent to Class-AA El Paso. He batted .403 and earned a promotion to Class-AAA Tucson, where he hit .407! Erubiel's next stop was the major leagues, where he batted .329 for the D-Backs in 1999. Injuries slowed him down in 2000, but in 2001 he reestablished himself as one of the most promising hitters in baseball.

ALEX ESCOBAR OF

The crown jewel of the Mets' minor-league system, Alex Escobar has exhibited Hall of Fame talent. Who knows what he might already have accomplished had he not been felled by injuries in three of his five minor-league seasons. A native of Venezuela, Alex finally made it to the majors in 2001, but a crowded outfield in New York kept him out of the starting lineup.

RUBEN MATEO OF

The 2000 season was supposed to be Ruben Mateo's "coming out" party, and for two months it was. But a broken leg ended a promising year for the multitalented Dominican outfielder and killed the Texas Rangers' chances of competing for the pennant. In 2001, Texas needed pitching help and was forced to trade Ruben to the Cincinnati Reds. If Ruben can stay healthy, the Reds believe they will have a true "30–30" player.

CARLOS PENA 1B

A first-round draft pick by the Texas Rangers in 1998, Carlos Pena has quickly become one of the best all-around prospects in baseball. The powerful young Dominican has good discipline at the plate, and possesses Gold Glove skills at first base. At Class-AA Tulsa in 2000, Carlos scored and drove home more than 100 runs, and produced 66 extra-base hits in just 138 games.

ALBERT PUJOLS 3B–OF

The surprise of the 2001 season was Albert Pujols, a 13th-round selection out of junior college who rocketed to major-league stardom in just one year. The Dominican native went from Midwest League MVP in 2000 to Cardinals cleanup hitter all by the age of 21. A smart, aggressive hitter who destroys pitchers' mistakes, Albert was baseball's top rookie in 2001. He could be an All-Star for many years to come.

ALBERT PUJOLS

ARAMIS RAMIREZ 3B

Although great things have been predicted for Aramis Ramirez since he joined the Pirates as a teenager in 1998, it took the confident Dominican three years before he proved he could play every day. A patient clutch hitter in the minor leagues, Aramis showed this discipline in 2001, when he had a breakout year for the Pirates.

ALFONSO SORIANO 2B

With no offers from major-league clubs, 16-year-old Alfonso Soriano agreed to play for the Toyo Carp of the Japanese Central League. After a bizarre, four-year odyssey, this hard-hitting Dominican signed with the New York Yankees for the 1999 season and made it all the way to the big leagues. Alfonso split time between Class-AAA Columbus and New York in 2000, then won the starting second-base job with the Yankees in 2001. Though still raw and undisciplined, he has so much talent that few doubt he will soon become an All-Star.

ALFONSO SORIANO

LOS NÚMEROS DE PÁGINA EN CURSIVA SE REFIEREN A ILUSTRACIONES.

PAGE NUMBERS IN ITALICS REFER TO ILLUSTRATIONS.

PHOTO CREDITS

All photos courtesy AP/ Wide World Photos, Inc. except the following images which are from the collection of Team Stewart:
The Sporting News © 1915 — Page 4
Estate of George "Highpockets" Kelly © 1939 — Page 5
P-10 Stadium Pin — Page 6 top
P-10 Stadium Pin — Page 6 bottom
Gum, Inc. © 1940 — Page 7
Bowman Gum, Inc. © 1953 — Page 8
TCMA, Inc. © 1982 — Page 9 bottom
Fleer/Skybox, Int'l. © 2000 — Page 12
Topps Company, Inc. © 1992 — Page 14
Baseball America, Inc. © 1997 — Page 17
Beckett Publications, Inc. © 1994 — Page 19
Topps Company, Inc. © 1990 — Page 20
Beckett Publications, Inc. © 1991 — Page 23
Topps Company, Inc. © 1994 — Page 24
Sports Illustrated/Time, Inc. © 2000 — Page 27
Sports Illustrated for Kids © 2000 — Page 28
The Upper Deck Company, Inc. © 2000 — Page 30
Baseball America, Inc. © 1999 — Page 35
Fleer Corp. © 1988 — Page 36
The Upper Deck Company, Inc. © 1990 — Page 38
Fleer/Skybox, Int'l. © 2000 — Page 40
Donruss/Leaf, Inc. © 1988 — Page 42
Topps Company, Inc. © 1992 — Page 44
Donruss/Leaf, Inc. © 1992 — Page 47
The Upper Deck Company, Inc. © 1997 — Page 48
USA Today/Baseball Weekly © 2001 — Page 51
Donruss/Leaf, Inc. © 1991 — Page 52
Sports Illustrated/Time, Inc. © 1998 — Page 55
Fleer/Skybox, Int'l. © 2000 — Page 57
Fleer/Skybox, Int'l. © 2000 — Page 60 left

CRÉDITOS FOTOGRÁFICOS

Todas las Fotografías cortesía de AP/ Wide World Photos, Inc. con excepción de las siguientes, de la colección de Team Stewart:
The Sporting News © 1915 — Página 4
Estate of George "Highpockets" Kelly © 1939 — Página 5
P-10 Stadium Pin — Página 6 arriba
P-10 Stadium Pin — Página 6 abajo
Gum, Inc. © 1940 — Página 7
Bowman Gum, Inc. © 1953 — Página 8
TCMA, Inc. © 1982 — Página 9 abajo
Fleer/Skybox, Int'l. © 2000 — Página 12
Topps Company, Inc. © 1992 — Página 14
Baseball America, Inc. © 1997 — Página 17
Beckett Publications, Inc. © 1994 — Página 19
Topps Company, Inc. © 1990 — Página 20
Beckett Publications, Inc. © 1991 — Página 23
Topps Company, Inc. © 1994 — Página 24
Sports Illustrated/Time, Inc. © 2000 — Página 27
Sports Illustrated for Kids © 2000 — Página 28
The Upper Deck Company, Inc. © 2000 — Página 30
Baseball America, Inc. © 1999 — Página 35
Fleer Corp. © 1988 — Página 36
The Upper Deck Company, Inc. © 1990 — Página 38
Fleer/Skybox, Int'l. © 2000 — Página 40
Donruss/Leaf, Inc. © 1988 — Página 42
Topps Company, Inc. © 1992 — Página 44
Donruss/Leaf, Inc. © 1992 — Página 47
The Upper Deck Company, Inc. © 1997 — Página 48
USA Today/Baseball Weekly © 2001 — Página 51
Donruss/Leaf, Inc. © 1991 — Página 52
Sports Illustrated/Time, Inc. © 1998 — Página 55
Fleer/Skybox, Int'l. © 2000 — Página 57
Fleer/Skybox, Int'l. © 2000 — Página 60 izquierda